Compliance Concorrencial

Compliance Concorrencial

COOPERAÇÃO REGULATÓRIA NA DEFESA DA CONCORRÊNCIA

2019

Mario G. Schapiro
Sarah M. Matos Marinho

***COMPLIANCE* CONCORRENCIAL**
COOPERAÇÃO REGULATÓRIA NA DEFESA DA CONCORRÊNCIA
© Almedina, 2019

AUTORES: Mario G. Schapiro, Sarah Morganna Matos Marinho
DIAGRAMAÇÃO: Almedina
REVISÃO: Eliane Simões
DESIGN DE CAPA: Roberta Bassanetto
ISBN: 978-85-8493-399-0

Dados Internacionais de Catalogação na Publicação (CIP)
(Câmara Brasileira do Livro, SP, Brasil)

Compliance concorrencial : cooperação regulatória na defesa da concorrência / Mario G. Schapiro, Sarah Morganna Matos Marinho. -- São Paulo : Almedina, 2019.

Bibliografia.
ISBN 978-85-8493-399-0

1. Compliance 2. Concorrência 3. Direito concorrencial 4. Direito econômico I. Marinho, Sarah Morganna Matos. II. Título.

18-19612   CDU-346.1

Índices para catálogo sistemático:

1. Compliance concorrencial : Direito econômico 346.1

Maria Alice Ferreira - Bibliotecária - CRB-8/7964

Este livro segue as regras do novo Acordo Ortográfico da Língua Portuguesa (1990).

Todos os direitos reservados. Nenhuma parte deste livro, protegido por copyright, pode ser reproduzida, armazenada ou transmitida de alguma forma ou por algum meio, seja eletrônico ou mecânico, inclusive fotocópia, gravação ou qualquer sistema de armazenagem de informações, sem a permissão expressa e por escrito da editora.

Fevereiro, 2019

EDITORA: Almedina Brasil
Rua José Maria Lisboa, 860, Conj.131 e 132, Jardim Paulista | 01423-001 São Paulo | Brasil
editora@almedina.com.br
www.almedina.com.br

AGRADECIMENTOS

Os autores agradecem o Centro de Estudos de Direito Econômico e Social – CEDES pelo financiamento da pesquisa.

APRESENTAÇÃO

Este livro é resultado de uma pesquisa financiada pelo Centro de Estudos de Direito Econômico e Social – CEDES. O propósito da pesquisa para a qual fomos selecionados como pesquisadores era o de compreender os limites e as possibilidades de o *compliance* concorrencial representar uma ferramenta regulatória alternativa à disciplina pública da economia.

Por se tratar de um tema ainda em construção no país, nossa opção de pesquisa foi a de combinar a revisão da literatura com uma análise empírica, capaz de ancorar as avaliações exploratórias sobre as perspectivas de êxito do *compliance* na área antitruste. Seguindo esse passo, o trabalho perseguiu duas dimensões desta alternativa: a oferta e a demanda.

Pela demanda, procuramos analisar como um grupo selecionado de empresas desenvolveu suas estratégias e seus programas de conformidade. Para isso, comparamos as empresas investigadas pelo suposto cartel ocorrido na Petrobras, o, assim chamado, "clube das empreiteiras", com uma empresa multinacional, que foi objeto de sucessivas condenações antitruste e que desenvolveu um programa de *compliance* aparentemente mais robusto – a Siemens. Pelo lado da oferta, avaliamos as políticas de promoção do *compliance* adotadas pelas principais autoridades concorrenciais, isto é, as autoridades norte-americana e europeia, e as comparamos com a política formulada pelo Conselho Administrativo de Defesa Econômica – CADE. No âmbito do Sistema Brasileiro de Defesa da Concorrência, essa agenda foi inicialmente desenvolvida pela Secretaria de Direito Econômico, que estabeleceu o Programa de Prevenção de Infrações à Ordem Econômica. Recentemente, com a promulgação da nova Lei de Defesa da Concorrência, o tema voltou com vigor para a pauta da autoridade concorrencial, que desenhou uma política de incentivo ao *compliance*.

Baseado na literatura e nos casos analisados, o livro sugere que o ambiente nacional é favorável à promoção de dispositivos privados, que resultem na adoção de mecanismos corporativos para a conformidade com "as regras do jogo". Isso não significa, no entanto, que o jogo esteja decidido. Há uma distância razoável entre a profusão do interesse pelo *compliance* concorrencial e a sua efetividade. A adoção de códigos de ética corporativa e de procedimentos internos de monitoramento e de controle, embora relevantes, precisa sustentar-se em atitudes empresariais realmente comprometidas com a legalidade. Só desta maneira, serão reais os ganhos de escala regulatória vislumbrados com o compartilhamento da disciplina concorrencial entre o Estado e as empresas. Da mesma forma, as políticas de incentivo precisam ser calibradas, para que, a pretexto de promover o *compliance*, não resultem em incentivos habilitadores de programas meramente formais.

É nesta perspectiva que este trabalho se situa: reconhecem-se as janelas de oportunidade para a difusão do *compliance* concorrencial, mas se tem igualmente em conta que sua consolidação depende de programas corporativos críveis e também de políticas públicas responsivas a este intento.

Boa leitura!

Os autores.

SUMÁRIO

APRESENTAÇÃO	7
INTRODUÇÃO	11

CAPÍTULO 1 – AS IDEIAS EM SEU LUGAR: DISCIPLINA DA CONCORRÊNCIA EM TEMPOS DE GOVERNANÇA — 17
1.1. A metarregulação: regulação como governança — 18
1.2. A autorregulação: governança corporativa como regulação — 24

CAPÍTULO 2 – O QUE É *COMPLIANCE* CONCORRENCIAL? — 29
2.1. Objetivos e identificação de riscos: para que o *compliance*? — 31
2.2. Governança: como se estabelece o *compliance*? — 38
2.3. Ferramentas: por quais meios o *compliance* é estabelecido? — 42
2.4. O que é um *compliance* efetivo? — 44

CAPÍTULO 3 – ESTUDOS DE CASO: "CLUBE DAS EMPREITEIRAS" E SIEMENS — 47
3.1. O "clube das empreiteiras" e seus programas de *compliance* — 48
3.2. O programa de *compliance* da Siemens — 58
3.3. Visão geral — 71

CAPÍTULO 4 – PARÂMETROS PARA UMA POLÍTICA PÚBLICA DE INCENTIVO AO *COMPLIANCE* — 75
4.1. A política do DOJ e da Comissão Europeia para *compliance* concorrencia — 76
4.2. O Guia do CADE e os parâmetros para uma política pública de incentivo ao *compliance* — 83

CONCLUSÕES	91
BIBLIOGRAFIA	93

INTRODUÇÃO

Em 1996, em uma reunião realizada no Ministério da Fazenda, empresários de três grandes companhias do setor siderúrgico, a Companhia Siderúrgica Nacional (CSN), a Usiminas e a Cosipa, apresentaram para gestores públicos seus planos corporativos, salientando a combinação que haviam feito para aumentar conjuntamente seus preços.[1] O desfecho da história surpreendeu parte de seus protagonistas: as empresas foram condenadas por cartel, iniciando assim uma série de punições que passariam a ocorrer no Sistema Brasileiro de Defesa da Concorrência (SBDC). Anos depois, em 2013, a Siemens procurou o Conselho Administrativo de Defesa Econômica (CADE) para, desta vez conscientemente, relatar sua participação no cartel do metrô de São Paulo. A conduta anticompetitiva foi detectada internamente por seus programas de monitoramento, e como a empresa foi a primeira a denunciá-la, pôde celebrar um acordo de leniência, garantindo assim uma potencial redução em suas penalidades.

    Ambos os casos são narrativas de um cartel, mas há entre eles algo mais que a distância no tempo. Em 1996, a conduta tomada como adequada foi a exposta pelos empresários, que surpreenderam os gestores públicos com sua confissão desavisada. Em 2013, em razão do risco da condenação, delatar um cartel antes dos concorrentes passou a ser uma estratégia valiosa. Neste ínterim, o que se passou foi uma mudança substantiva no ambiente regulatório brasileiro. Entre 1996 e 2013, não só o SBDC se consolidou como uma autoridade concorrencial crível, como também promoveu um entendimento mais disseminado sobre os comportamentos concorrencial-

---

[1] Esse caso é narrado por Roesler e Silva (2012, p. 34-36).

mente adequados. Se, de fato, há ainda um caminho a percorrer para que as atividades econômicas sejam orientadas por padrões internacionais de competição, é inegável que tenha havido uma mudança de gradiente no ambiente de negócios do país. É nesse contexto que se pode refletir sobre possibilidades regulatórias complementares para a promoção da defesa da concorrência. Este é o caso do *compliance* concorrencial.

Seguindo o passo observado em outros campos do direito, a defesa da concorrência parece também experimentar tecnologias disciplinares que podem levar a uma redistribuição dos papéis regulatórios entre o Estado e as empresas. Nessa linha, o *compliance* concorrencial tem despontado como uma alternativa de controle, em um ambiente marcado desde sempre pelo monopólio estatal na aplicação das regras. Assim como tem ocorrido com os direitos humanos, o direito ambiental e, sobretudo, com o direito penal e o controle da corrupção, também o direito da concorrência tem indicado abertura para uma nova cadência na incidência regulatória. Em todos estes campos, a centralidade da regulação pública tem sido compartilhada com iniciativas de governança corporativa, que atribuem às empresas e aos seus gestores uma responsabilidade ativa na identificação de condutas ilícitas e na reparação dos danos causados a coletividade.

No panorama internacional, esse movimento de rebalanceamento entre a regulação pública e a autorregulação privada transcorre simultaneamente em duas arenas: no ambiente de formulação de políticas públicas e no espaço acadêmico. No ambiente dos formuladores de política, agências internacionais têm se encarregado de apresentar novos parâmetros e boas práticas para impulsionar os programas de *compliance* concorrencial. Este é o caso da *International Chamber of Commerce* (ICC), que constituiu um guia relativamente completo para programas de *compliance* – *The ICC Antitrust Compliance Toolkit* (ICC, 2013, p. 16). É também o caso da Organização para Cooperação e Desenvolvimento Econômico (OCDE), que reuniu no documento *Promoting Compliance with Competition Law* (OECD, 2011, p. 11-15) o que entende ser os passos decisivos para um programa virtuoso, para empresas e governo. Nessa mesma linha, autoridades concorrenciais do Canadá, do Chile, de Singapura, dos Estados Unidos e da União Europeia, entre outros, têm adotado programas e incentivos oficiais para estimular a disseminação do *compliance* concorrencial entre suas companhias.

O interesse dos formuladores de política não tem escapado da observação e das proposições da academia. Trabalhos como os de Kaplow e Shavel

(1994), Riley e Sokol (2014), e Calveras, Ganuza e Llobet (2007) têm procurado avaliar os programas de *compliance* concorrencial e apresentar também as implicações de política para eventuais reformas pontuais em sua forma de operação. É ilustrativo deste interesse crescente, o número de resultados que aparecem para o termo *"antitrust compliance"*, no Google Scholar – um *proxy* de produção acadêmica.[2] Para o ano de 1980, a ferramenta de busca indica a ocorrência de 657 resultados e, para 1990, localiza 823. Já em 2000, o volume dobra e atinge 1.650 resultados para este termo; movimento este que se repete em 2010, quando o número chega a 3.450.[3]

No caso brasileiro, com alguma defasagem temporal e com diferenças de intensidade, a agenda do *compliance* concorrencial tem registrado relativa sintonia com a tendência internacional. No âmbito da política pública, os atores do Sistema Brasileiro de Defesa da Concorrência têm sinalizado um interesse consistente em promover iniciativas favoráveis ao tema. Essa agenda foi inicialmente desenvolvida pela Secretaria de Direito Econômico, por meio da Portaria nº 14, de 9 de março de 2004, que estabeleceu o Programa de Prevenção de Infrações à Ordem Econômica. Mais recentemente, com a promulgação da nova Lei de Defesa da Concorrência – Lei nº 12.529/11, o tema voltou com vigor para a pauta da autoridade concorrencial.[4] É o que se depreende da participação ativa dos principais atores do SBDC em debates sobre o tema e, principalmente, da formulação de uma nova proposta de guia de *compliance* concorrencial pelo CADE (2015).

---

[2] O uso do Google Scholar é um *proxy*, isto é, uma referência indicativa, que neste caso sugere o interesse pelo tema do *compliance* concorrencial. Essa mesma ferramenta é utilizada por Pargendler (2015) para assinalar a virada de interesse no direito societário para os temas de governança corporativa.
[3] Informação disponível em: <https://scholar.google.com.br/scholar?hl=pt-BR&q=antitrust+compliance&btnG=&lr=>. Acesso em: 24 set. 2015.
[4] Sobre isso, assinala Rodas (2015): "O *compliance* concorrencial foi introduzido no ordenamento jurídico brasileiro pela Portaria SDE 14/2004, que estabeleceu o 'Programa de Prevenção de Infrações à Ordem Econômica (PPI)', que embora tendo seguido precedentes norte-americanos e europeus, inovou ao prever a concessão de Certificado de Depósito de PPI, de que poderia derivar a atenuação de eventuais penalidades, atenuação essa afastada, posteriormente, pela Portaria SDE 48/2009. A ampliação da envergadura do instituto deu-se, no entanto, pela vigente Lei 12.529, de 2011, que além de instituir o regime de análise prévia, propiciou a utilização do *compliance* no âmbito das condutas anticompetitivas, das condutas unilaterais e das concentrações; mormente por ocasião de celebração de Acordos em Controle de Concentração (ACC), Termos de Compromisso de Cessação e Prática (TCC) e Acordo de leniência".

No ambiente corporativo, empresas relevantes têm optado pela formulação de procedimentos e de códigos de ética orientados a prevenir atuações ilícitas eventualmente praticadas por seus funcionários e dirigentes. Evidências anedóticas permitem inferir que para isso contribuiu um conjunto de fatores, como: a interação com empresas multinacionais; a participação em ambientes de negócios de outros países; a percepção de maior capacidade investigativa dos demais órgãos de controle, como o Tribunal de Contas da União, a Polícia Federal e o Ministério Público Federal; e, notadamente, as condenações do CADE em escala crescente. Além disso, a previsão do *compliance* como um dispositivo de autocontrole na Lei Anticorrupção – Lei nº 12.846/13 –, teve um efeito catalizador para a adoção de medidas de prevenção empresarial de um modo geral, o que também impactou os temas afeitos a autorregulação concorrencial.

O cenário, portanto, é favorável à promoção de dispositivos privados que resultem na prática de condutas em conformidade com "as regras do jogo". Isso não significa, no entanto, que o jogo esteja decidido. Há uma distância razoável entre a profusão do interesse pelo *compliance* concorrencial e a sua efetividade. A adoção de códigos de ética corporativa e de procedimentos internos de monitoramento e de controle, embora relevantes, precisa sustentar-se em atitudes empresariais realmente comprometidas com a legalidade. Só desta maneira, serão reais os ganhos de escala regulatória vislumbrados com o compartilhamento da disciplina concorrencial entre o Estado e as empresas.

É nesta perspectiva que este trabalho se situa: reconhecem-se as janelas de oportunidade para a difusão do *compliance* concorrencial, mas se tem igualmente em conta que sua consolidação depende de programas corporativos críveis e também de políticas públicas responsivas a este intento. O principal argumento deste trabalho, portanto, é o de que o *compliance* é uma ferramenta de autorregulação que, para ser bem-sucedida, demanda desdobramentos nos âmbitos privado e público. No âmbito privado, sua eficácia está ancorada na constituição de uma governança corporativa adequada, isto é, capaz de associar de modo consistente a identificação dos riscos concorrenciais a que a companhia está exposta, o tipo de regra de conduta que deve orientar seus agentes e o mecanismo de governança interna que deve suportar seus dispositivos. No âmbito governamental, sua efetividade depende da conjugação equilibrada entre o *enforcement* punitivo e a adoção de políticas públicas de promoção de suas medidas.

Para explorar esse argumento, o trabalho está organizado em quatro capítulos. O Capítulo 1, a seguir, procura caracterizar o ambiente de ideias e de políticas que favorece a autorregulação corporativa como uma ferramenta complementar à disciplina pública da concorrência. Em seguida, o Capítulo 2 procura descrever os elementos indispensáveis para a constituição de um programa de *compliance* efetivo. No Capítulo 3, esse referencial normativo é utilizado para avaliar programas corporativos reais, procurando assim ilustrar seus limites e possibilidades. Os casos analisados são os das empresas brasileiras envolvidas no "clube das empreiteiras" e o da Siemens. Com base nesses insumos e no relato da experiência internacional, o Capítulo 4 volta-se para a política pública, questionando o papel que as políticas de governo podem ter na promoção do *compliance* concorrencial. Por fim, apresentam-se as conclusões.

Capítulo 1
As ideias em seu lugar: disciplina da concorrência em tempos de governança

A ideia de *compliance* tem lugar em um panorama da economia política marcado por dois vetores complementares. No lado das empresas, esse vetor diz respeito a padrões mais abrangentes de autorregulação privada, que ultrapassam os temas mais imediatos da relação entre a empresa e seus acionistas. Nessa linha, as regras e políticas de governança corporativa que, originalmente, orientavam-se para disciplinar a relação entre investidores e administradores, têm incluído propósitos mais amplos, condizentes com a maior responsabilização social que se atribui às empresas. Com isso, o modelo de governança corporativa direcionado para os acionistas, modelo *shareholder-oriented*, parece abrir espaço para um arranjo capaz de administrar os múltiplos interesses que são afetados por uma companhia – um modelo *stakeholder-oriented*.

Esta autorregulação privada com um escopo mais alargado encontra correspondência em um tipo distinto de regulação pública, que não se concentra apenas na disciplina de casos e condutas e volta-se para a orientação de processos e de padrões. Trata-se de uma metarregulação,[5] isto é, uma atuação pública cujo propósito é o de estabelecer uma coordenação regulatória.

A identificação de modos alternativos de regulação pública não implica necessariamente uma substituição transversal dos mecanismos de regulação clássica, os dispositivos de comando e controle, pela metarregulação. Como sugerem Trubek e Trubek (2006), há múltiplas possibilidades

---

[5] Sobre metarregulação, ver Coglianese e Mendelson (2012, p. 146-168).

de relação institucional entre as iniciativas da metarregulação e os dispositivos da regulação econômica tradicional. Em alguns casos, estabelece-se entre ambos uma espécie de competição predatória, de modo que a opção por uma técnica regulatória exclui a possibilidade da outra. Há casos, no entanto, em que se estabelece uma relação de cooperação regulatória, em que ambas as alternativas se fortalecem mutuamente. Nesses casos, a regulação clássica e a metarregulação, associadas à autorregulação, atuam em convergência de propósitos, ocorrendo entre elas um efeito de reforço mútuo.

Este pode ser o caso da disciplina da concorrência e do *compliance* concorrencial. A disciplina da concorrência representa, para matéria antitruste, a atuação das ferramentas clássicas de regulação. Já o *compliance* representa a possibilidade de que regras de governança corporativa adotadas por empresas sejam também parte relevante da implementação da política de defesa da concorrência. Nas experiências bem-sucedidas, há uma relação de cooperação regulatória entre a disciplina pública da concorrência e a autorregulação privada. O *compliance* concorrencial é tanto mais efetivo, quanto mais crível for o *enforcement* regulatório, e este, por sua vez, é tanto mais eficaz, quanto mais empresas internalizarem a cultura competitiva. Os itens a seguir procuram descrever com mais detalhes os elementos que constituem a metarregulação e a autorregulação.

1.1. A metarregulação: regulação como governança

A identificação de um tipo diferente de regulação, na forma de uma metarregulação, não é uma ideia nova. Na realidade, como assinala Orly Lobel (2004), em um artigo de título sugestivo – *The renew deal* –, pode-se identificar uma variedade significativa de trabalhos destinados a descrever mecanismos de regulação que diferem do padrão comando e controle, consolidado no segundo pós-guerra. A novidade talvez seja a de situar o *compliance* concorrencial nesta abordagem, sugerindo assim uma semelhança entre suas ferramentas e seus objetivos e o que se tem identificado como uma regulação por governança (ou metarregulação), ocorrida em determinados setores econômicos.

Os trabalhos de Charles Sabel (2004; 1993, p. 27-43), Sabel e Reddy (2003, p. 1-14), Ayres e Braithwaite (1992), Trubek e Trubek (2006), entre outros, apontam para um modo de intervenção do Estado que se constitui na disciplina de processos, e não de condutas. Nesse relato, são acompanhados por análises de pesquisadores europeus, como Bob Jessop (2005), que focalizam a passagem de um Estado de Bem-Estar Social, centrado no governo, para uma atuação pública assentada na governança. Este também é o caso do trabalho seminal de Teubner (1983), que ainda nos anos 1980 reivindicava um modo de regulação reflexiva, isto é, uma metarregulação voltada a combinar os traços da regulação substantiva, desempenhada pelo Estado, como a autorregulação a cargo das empresas.

Compõem ainda esta linhagem os trabalhos dedicados a identificar novos tipos de Estados desenvolvimentistas. Sean O'Rian (2000, p. 165-166), em um trabalho sobre o Estado desenvolvimentista irlandês, indica a confirmação de uma intervenção flexível, cuja característica é o estabelecimento de relações público-privadas menos hierárquicas e mais heterárquicas. Este diagnóstico é compartilhado por Arbix e Martin (2010, p. 4) e também por Trubek, Coutinho e Schapiro (2013, p. 28-64), que encontram evidências de um padrão alternativo de desenvolvimentismo na primeira década dos anos 2000, no Brasil. Nos termos de Arbix e Martin (2010), estabeleceu-se neste ensaio desenvolvimentista uma posição intermediária entre o fundamentalismo de mercado e a dominância estatal.

Embora posicionados em contextos acadêmicos diferentes, esses trabalhos têm como traço comum a identificação de um padrão de intervenção estatal em que a forma e a finalidade da atuação pública são diferentes em comparação ao paradigma anterior, seja ele a regulação do *New Deal*, nos Estados Unidos, o *Welfare State* de bases keynesianas, na Europa continental, ou o Desenvolvimentismo, na América Latina e no leste da Ásia. Em todas essas experiências, guardadas as diferenças de contexto, a regulação, entendida amplamente como intervenção estatal na economia, foi concebida por um formato unidirecional, que atribuía aos agentes públicos o comando e o controle do ambiente privado e das correspondentes condutas de seus agentes econômicos.

A intervenção pública foi assim concebida e implementada, no segundo pós-guerra, de um modo vertical, de cima para baixo, assentada no pressuposto de que o regulador é capaz de estabelecer os meios e as metas a serem perseguidos pelos agentes sujeitos a sua disciplina. Neste modelo regulatório, prevalece o que Sabel (2004) identifica como uma relação de tipo "agente" e "principal" entre o Estado e a sociedade. O Estado, na qualidade de representante do interesse público, coloca-se na posição de um onisciente "principal", que articula prêmios e punições para direcionar o comportamento dos "agentes" para fins previamente estabelecidos. O Quadro 1, a seguir, apresenta estes tipos regulatórios.

Quadro 1 – Tipos de regulação

Tipo de racionalidade regulatória	Propósito da ação reguladora	Ferramentas de controle e de incentivo	Relação entre agentes públicos e privados
Regulação clássica	Comando e controle sobre o processo econômico	Controle e incentivos substitutivos da ordem de mercado	*Top down* Relação hierárquica Relação agente-principal
Metarregulação	Estabelecimento de mecanismos de governança (constituição de ambientes sistêmicos de promoção da competitividade)	Controle e incentivos sintonizados com a racionalidade de mercado	Regulação interativa Relação heterárquica

Fonte: Elaboração própria.

A partir dos anos 1980, contudo, experiências empreendidas por agentes públicos têm sugerido a afirmação de novas possibilidades regulatórias, marcadas por traços distintos daqueles que caracterizam o paradigma comando e controle. O traço comum entre essas experiências é a busca de uma maior interação entre o regulador e os agentes regulados, de modo a favorecer o monitoramento das políticas regulatórias e com isso promover uma revisão rápida das técnicas empregadas.

Além deste caráter *problem-solving* adquirido pela regulação pública, a constituição de dispositivos de metarregulação tem como antecedente o reconhecimento das limitações cognitivas e operacionais do agente regulador. De um lado, parece ter ficado relativamente claro para os formuladores de política que os setores econômicos apresentam uma variedade de estratégias corporativas, tornando assim potencialmente mais difícil a definição de um arsenal regulatório padronizado. De outro lado, também tem se espraiado a avaliação de que a regulação voltada apenas para a fiscalização de casos e condutas apresenta limites de escala. A passagem de Lobel ilustra esses pontos e indica o que representa exatamente a ideia de uma metarregulação ou uma regulação por governança:

> At the beginning of the twenty-first century, against the backdrop of global competition, changing patterns in market organization, and a declining commitment to direct government intervention, contemporary legal thought

and practice are pointing to the emergence of a new paradigm – governance – that ties together recent developments in the political economy with advances in legal and democratic theory. Governance signifies the range of activities, functions, and exercise of control by both public and private actors in the promotion of social, political, and economic ends. The new governance model supports the replacement of the New Deal's hierarchy and control with a more participatory and collaborative model, in which government, industry, and society share responsibility for achieving policy goals. The adoption of governance-based policies redefines state-society interactions and encourages multiple stakeholders to share traditional roles of governance. Highlighting the increasing significance of norm generating nongovernmental actors, the model promotes a movement downward and outward, transferring responsibilities to states, localities, and the private sector – including private businesses and nonprofit organizations. (2004, p. 264-265).

Assim, para contornar problemas afeitos à assimetria de informações entre reguladores e regulados e também para maximizar a escala da regulação pública, acadêmicos e formuladores de política pública têm procurado estabelecer protocolos regulatórios que favoreçam novos ajustes entre o público e o privado. É o caso, por exemplo, das novas estratégias regulatórias desenhadas para mitigar o risco de contaminação nos abatedouros norte-americanos ou das iniciativas de reforma escolar, em estados como Texas e Carolina do Norte, relatados por Charles Sabel (2004, p. 13-16). Em ambos os casos, as partes não se colocam como mandantes e mandatários de tarefas previamente conhecidas. Diferentemente disso, dada a assimetria de informações, os atores públicos e os agentes regulados estabelecem laços horizontais de interação, voltados a permitir um aprendizado coletivo dos problemas e uma descoberta conjugada das soluções.

Nessa medida, ao invés de uma relação fixa de delegação, ambos os atores protagonizam um processo experimentalista, sujeito a constantes comparações, revisões, e explicações públicas.[6] Conforme a narrativa

---

[6] A esse respeito assinala Sabel (2004, p. 12): "[...] *compliance or accountability in the principal/agent sense of rule following is impossible. There are in effect no fixed rules, or, what comes to the same thing, a key rule is to continuously evaluate possible changes in the rules. Accountability thus requires not comparison of performance to goal or rule, but reason giving: actors in the new institutions are called to explain their use of the autonomy they are accorded in pursuing the corrigible goals. These accounts enable evaluation of their choices in the light of explanations provided by actors in similar circumstances making different ones, and vice versa*".

de Sabel (2004), no caso das escolas, a delegação legal é bastante abrangente: "garantir a todos os estudantes educação de qualidade". O objetivo da reforma educacional não é construído no gabinete e implementado em sala de aula, mas sim o oposto: os parâmetros de gestão são estabelecidos a partir dos resultados de sucesso alcançados na sala de aula. As técnicas empregadas pelos professores são sujeitas a comparações permanentes, por meio dos resultados alcançados por seus alunos. As práticas exitosas são generalizadas em cada escola e as práticas das unidades escolares com melhor desempenho são universalizadas para o restante da rede de ensino. O papel dos diretores de escola e dos gestores públicos não é o de estabelecer metas e cobrar pelos resultados, mas sim estabelecer os mecanismos de *benchmarking*, reconhecer as experiências bem-sucedidas e difundir as boas práticas alcançadas. Este processo requer experiências, procedimentos para detecção de erros, ajustes periódicos e explicações sobre as correções de rota.

No caso da regulação sanitária de abatedouros, Sabel (2004) assinala que, ao invés de proceder a uma fiscalização detalhada de todo o processo de abate, a autoridade reguladora estabeleceu um mecanismo procedimental – HACCP (*Hazard Analysis of Critical Points*). É o agente regulado que apresenta um plano de gestão, identificando os riscos de contágio e as medidas adotadas para mitigar os problemas. Ao regulador, compete avaliar a adequação do plano e monitorar o seu cumprimento, de modo procedimental e também por meio de inspeções eventuais. No decorrer da atividade, a depender dos resultados alcançados, o plano de gestão pode ser alterado ou revisto.

Uma experiência semelhante, relatada por Roberto Pires (2011, p. 49-59), tem sido implementada, no Brasil, pelo Departamento de Inspeção do Trabalho (DIT), órgão do Ministério do Trabalho, encarregado de atividades regulatórias para proteção dos trabalhadores. Nos estados investigados por Pires (2011) – Pernambuco, Bahia e Minas Gerais –, a organização do DIT apresenta dois regimes regulatórios. O primeiro deles é baseado em uma delegação de metas regulatórias quantificáveis e específicas e em uma pormenorizada avaliação de desempenho (regulação de comando e controle). O segundo regime apresenta as características da metarregulação, favorecendo um exercício regulatório customizado e sujeito a uma constante reavaliação de suas estratégias. Enquanto o primeiro tipo de regulação é utilizado para as atividades tradicionais de fiscalização, o segundo tipo é dirigido para temas específicos e não solucionados por uma atuação regulatória padrão. Este é o caso, por exemplo, da redução dos acidentes de trabalho no setor de construção civil de Pernambuco, algo que resultou de experiências adotadas pelas empresas, a partir de debates realizados entre reguladores, empregadores e trabalhadores, em um foro tripartite promovido pela DIT (PIRES, 2011, p. 49-59). Neste caso, a regulação tradicional, ancorada em procedimentos de inspeção e aplicação de multas, deu lugar à construção coletiva de novos protocolos de segurança, que só puderam ser desenvolvidos pelo estabelecimento de uma relação regulatória interativa entre regulados e reguladores.

No âmbito concorrencial, a metarregulação também representa essas duas possibilidades: a redução das assimetrias de informação e a extensão da escala regulatória. Dada a variedade de setores e de estratégias competitivas, a política de defesa da concorrência pode ser porosa ao estabelecimento de diálogos setoriais, a partir do que venham a definir os entendimentos acerca da licitude e ilicitude das condutas. Deste modo, em vez de estabelecer de antemão os termos de legalidade e ilegalidade de condutas competitivas, pode estipular as balizas de juridicidade a partir da dinâmica setorial. Uma atuação nessa direção tende a amplificar a efetividade da regulação pública, na medida em que os comandos normativos são calibrados em relação aos termos reais da competição.

A segunda possibilidade aberta para a metarregulação na defesa da concorrência é a promoção dos ganhos de escala. É nesta chave que se situa o *compliance* concorrencial. Para além de estabelecer regras de conduta e punições para as condutas consideradas anticompetitivas, o direito antitruste pode também promover a educação concorrencial e fomentar a adoção de procedimentos empresariais de prevenção e detecção de condutas ilícitas. No desempenho dessa atribuição, a autoridade concorrencial orienta sua intervenção para comunicar os comportamentos admitidos e não admitidos e também para assinalar os requisitos a serem observados para que os programas de *compliance* sejam efetivos. Com isso, há um ganho potencial de escala regulatória: a taxa de cumprimento da legislação tende a aumentar, já que a seu favor conjugam-se os esforços públicos e privados.

Como salientado, essa iniciativa é afinada com uma ideia de metarregulação, mas seu êxito não prescinde da intervenção regulatória tradicional. O último capítulo do trabalho retomará este ponto, sugerindo que nas jurisdições mais experientes na investigação de ilícitos concorrenciais, como são as dos EUA e da União Europeia, tem prevalecido uma cooperação regulatória. Nestes casos, a regulação das condutas e a metarregulação dos procedimentos (promoção dos programas de *compliance*) fortalecem-se mutuamente.

1.2. A autorregulação: governança corporativa como regulação

Os deslocamentos observados no campo da regulação, que levaram a intervenção pública mais intensiva de comando e controle a partilhar espaços com uma regulação heterárquica, orientada para processos e padrões, encontram correspondência no campo da governança corporativa. Nesse ambiente, a mudança do teor da regulação tem como contraparte a incorporação de temas mais abrangentes, levando a autorregulação corporativa a lidar com assuntos que ultrapassam os dilemas puramente financeiros. A envergadura da governança corporativa parece assim apresentar um arco mais amplo de possibilidades, superando a primazia da proteção dos acionistas e alcançando a disciplina dos múltiplos interesses que afetam a companhia – atribuíveis aos *stakeholders* (PARGLENDER, 2015).[7] Este é o caso, entre outros, das questões ambientais, da igualdade de gêneros, do desenvolvimento econômico e da disciplina da concorrência.

Em sua concepção original, a governança corporativa consistia no conjunto de regras internas elaboradas por uma associação empresarial para regular o conflito de interesses existente entre seus gestores e os proprietários da companhia. Este conflito foi descortinado originalmente pelo trabalho clássico de Berle e Means (1932), que analisou a corporação norte-americana típica, caracterizada pela dispersão da propriedade de suas ações e pela concentração dos poderes de gestão nas mãos dos administradores. O trabalho aponta para um contraste entre a propriedade e o controle, indicando que não são os proprietários que afinal dirigem a companhia, o que pode levar ao estabelecimento de um conflito de agência.[8] No contexto da dispersão acionária, configura-se uma relação

---

[7] Dentre várias outras definições, aponta-se para os princípios da *Organization for Economic Cooperation and Development* (OECD) para afirmar que governança corporativa pode ser considerada qualquer forma de institucionalização interna da maneira como uma companhia tem suas operações conduzidas e é controlada. Disponível em: <http://www.oecd.org/daf/ca/OECDPrinciples- CG-2014-Draft.pdf>. Acesso em: 22 fev. 2018.

[8] Essa proposição foi apresentada pela, assim chamada, teoria da agência (*agency theory*). A teoria da agência foi desenvolvida com maior intensidade na década de 1970 por Jensen

agente-principal, ou seja, uma relação de representação, em que o bem-estar do representado (acionista/principal) depende da atuação do representante (administrador/agente). O conflito surge em razão do fato de que em muitos casos os administradores podem perseguir os seus interesses em detrimento dos interesses do agente.

É para mitigar esse desalinhamento de interesses que as companhias estabelecem suas regras de governança corporativa.[9] Em sua proposta original, associada ao padrão norte-americano de financiamento corporativo, a governança corporativa sustenta-se em incentivos e controles voltados a maximizar o valor da empresa. Para isso, facultava aos investidores amplas possibilidades de monitoramento e de transferência da sua propriedade acionária, caso entendessem que a administração da empresa não correspondia a seus interesses. O objetivo de suas regras e políticas era, portanto, proteger a propriedade dos investidores por meio de dispositivos que potencializem os alinhamentos de interesses internos à companhia. Em síntese, nesse modelo, conhecido como *shareholder-oriented* (HANSMANN; KRAAKMAN, 2004b, p. 33-68), os incentivos e controles são estabelecidos para garantir que os administradores proporcionem o maior retorno econômico possível aos investidores.

Além deste modelo, já consagrado, há outros arranjos de governança corporativa voltados a aplacar diferentes tipos de conflito de agência que acometem uma sociedade comercial. Este é o caso do modelo *stakeholder-oriented* prevalecente inicialmente em ambientes financeiros como o alemão e o japonês. No modelo nipo-germânico (ROE, 1993),[10] o financiamento empresarial não se baseia no mercado de capitais, como nos EUA, mas em bancos e em investidores institucionais, que detêm participações em bloco nas empresas e mantêm uma relação de influência mais direta em sua gestão corporativa. Nestes casos, a estrutura de governança correspondente é baseada em uma participação ativa de diferentes partes interessadas nos órgãos de administração da empresa, como os representantes dos investi-

---

e Meckling (1976), e seus conceitos são amplamente utilizados e difundidos na literatura, falando-se hoje em custos de agência e relação agente-principal (*principal-agent relationship*) sem a necessidade de maiores explicações.

[9] Cf. Shleifer e Vishny (1997, p. 737-783) e Hansmann e Kraakman (2004a, p. 21-32). No Brasil, ver entre outros, Macedo (2004, p. 223), Saito e Silveira (2008, p. 79-86) e Silveira (2010).

[10] Outros trabalhos que dialogam com a literatura de variedades de governança corporativa são: Roe (1994) e Bebchuk e Roe (2004, p. 69-113).

dores e os representantes dos empregados. O arranjo favorece a negociação dos diferentes grupos de interesse que orbitam a companhia, de tal maneira que aqueles insatisfeitos com a gestão empresarial não são incentivados a se desfazer da sua propriedade acionária imediatamente, mas a influenciar a condução dos negócios da firma para proteger seus interesses (PISTOR, 2005). A vantagem comparativa desse modelo de organização é permitir a inclusão de outros temas e interesses na governança da sociedade.

Nos últimos anos, o modelo *stakeholder-oriented* passou também encontrar espaço no panorama norte-americano, o que sugere sua difusão no ambiente corporativo internacional. Com a promulgação da Lei *Sarbanes-Oxley*, em 2002, a regulação corporativa passou a contar com elementos orientados para a proteção de outros valores corporativos, indo assim além dos dispositivos vinculados apenas aos interesses financeiros dos acionistas. Editada após o escândalo da Enron, que consistiu em uma crise corporativa ocasionada por fraudes societárias, a lei é parte de uma política do governo mais ampla, voltada para a prevenção de comportamentos empresariais inadequados, ultrapassando os temas afeitos apenas à maximização dos investidores. Uma orientação semelhante pode ser identificada no âmbito das jurisdições estaduais nos EUA, que tem atribuído para as empresas a persecução de finalidades de política pública. Este é o caso da legislação aprovada pelo Senado da Califórnia em 2013, que determina para as companhias listadas uma composição de gênero mais balanceada em seus órgãos de administração.

Seguindo essa linha de atribuição de responsabilidade pública para as companhias privadas, disposições europeias têm também apostado na proteção dos demais *stakeholders*, para além dos acionistas. A Noruega promulgou, em 2006, uma lei societária em que estabelece uma quota mínima de 40% para a representação de mulheres nos órgãos de administração das companhias. Essa mesma iniciativa voltada a promover a igualdade de gênero também ocorreu na legislação societária da Bélgica, França, Itália e Holanda. Na Dinamarca, na Alemanha e na Espanha existem regulamentos voluntários no mercado de capitais que procuram incentivar a adoção de quotas para mulheres na administração das companhias abertas.[11]

---

[11] Pargendler (2015) cita os exemplos da *Sarbanes-Oxley Act* e das regulações para ocupação de cargos de administração por mulheres em companhias abertas como característicos da tese da obsessão dos formuladores de política com a governança corporativa.

Estas iniciativas sugerem, portanto, um alargamento da noção original de governança corporativa. Com isso, têm sido agregadas novas e mais generosas regras internas orientadas para mitigar conflitos de interesse de múltiplas dimensões. A companhia projetada a partir daí é um agente econômico também responsável pelo bem-estar de seu entorno social e econômico, o que inclui temas societários, mas também temas de interesse público. Este é o caso do *compliance* concorrencial.

Capítulo 2
O que é *compliance* concorrencial?

Nos termos assinalados no capítulo anterior, o *compliance* concorrencial pode ser entendido como um dispositivo capaz de permitir uma regulação cooperativa entre autoridades públicas e agentes privados. Em complementação a uma disciplina antitruste assentada na detecção dos desvios e na provisão das respostas punitivas, a disseminação de códigos corporativos pode permitir a adoção de procedimentos de autocontrole adotados pelas empresas.

A adoção desta estratégia regulatória pode ser positiva, em razão dos ganhos de escala e da maior eficácia no cumprimento das regras. Se bem-sucedida, a realização de metamonitoramentos, isto é, de monitoramentos dos programas corporativos, tende a permitir maior pulverização para a disciplina concorrencial. Além disso, as múltiplas possibilidades organizacionais e de estratégias competitivas apresentadas pelos setores e por suas empresas impõem uma assimetria crescente de informações entre as autoridades públicas e o cotidiano das companhias, o que tende a tornar tortuosa a investigação e a punição dos ilícitos. Sendo assim, a cooperação dos agentes econômicos na detecção de desvios pode representar um reforço supletivo da capacidade estatal de aplicação da lei e do estabelecimento de um ambiente de negócios assentado no atendimento às regras do jogo.

O alcance deste padrão de automonitoramento corporativo tem como fator antecedente a credibilidade regulatória. O funcionamento das instituições públicas e a sua capacidade de aplicação das regras são um incentivo indispensável para que os agentes econômicos desenvolvam seus mecanismos de cumprimento das leis e de atendimento às políticas públicas.

Se a aplicação das regras e das penalidades correspondentes não for efetiva, os incentivos para um comportamento de acatamento e conformidade ao direito serão proporcionalmente menores. Em síntese, a constituição da credibilidade regulatória é o passo indispensável para o estabelecimento de outro paradigma na disciplina da ordem econômica: quanto maior e mais percebido vier a ser o *enforcement*, mais possibilidades se abrem para uma regulação cooperativa, organizada em escala e desenvolvida de modo difuso, entre autoridades públicas, indivíduos e empresas.

Visto nesta chave, o *compliance* não é entendido como um mecanismo de blindagem corporativa, cuja finalidade seria a de permitir apenas uma detecção precoce de ilícitos e provas, para assim evitar as investigações e as consequentes penalidades das autoridades públicas. O *compliance* que institui uma alternativa cooperativa não é, portanto, uma camuflagem regulatória, que se desenha para proteger comportamentos ilegais, diluir responsabilidades, iludir autoridades, mantendo assim padrões de conduta em descompasso com a normalidade competitiva. Ao contrário, trata-se de uma tecnologia de governança corporativa que é capaz de contribuir para um ambiente de conformidade com as regras, induzindo mudanças substanciais de comportamentos empresariais. Trata-se, enfim, de um dispositivo que promove condutas concorrenciais, avocando para as empresas a responsabilidade pela implementação de uma parte da política antitruste.

Tendo em conta estas premissas de análise, as seções a seguir procurarão descrever os elementos, reconhecidos pela literatura e pelos guias de boas práticas, que caracterizam os principais elementos dos programas exitosos. Embora a possibilidade de organização dos programas atenda a uma variedade de possibilidades – nos termos de Riley e Sokol "[...] *there is no 'one size fits all' and the company should be able to choose a structure that best reflects its needs*" (2015, p. 52), há alguns arranjos e ferramentas que, conquanto possam ser combinados de modos diversos, constituem partes indispensáveis para um *compliance* crível. Este capítulo se atém a estes arranjos e ferramentas. Para isso, a exposição está organizada a partir de três perguntas centrais: "para quê?"; "como?"; e "por quais meios?". A primeira pergunta é relativa aos objetivos do *compliance*, a segunda refere-se às possibilidades de arranjo corporativo e a terceira é atinente às ferramentas de implementação.

2.1. Objetivos e identificação de riscos: para que o *compliance*?

Seguindo essa linha, o primeiro elemento que constitui um programa de *compliance* concorrencial é o estabelecimento de seus objetivos específicos, isto é, a formulação de uma resposta para a seguinte pergunta: para que um programa de *compliance*? Se, como assinalado, o objetivo amplo do programa é promover uma estratégia corporativa alinhada com a legislação concorrencial, seu objetivo específico diz respeito à identificação dos riscos de infração mais estreitos e próximos a que uma empresa está sujeita. Por isso, um passo indispensável da estruturação do programa é a identificação do ambiente de atuação empresarial, das condutas corporativas, de suas estratégias e, por conseguinte, das janelas de oportunidade para a prática de atividades ilícitas.

Não é dado aos agentes econômicos apostar em um comportamento seletivo em relação às regras: não só não há imunidade antitruste no direito brasileiro, como a regra geral do Estado de Direito é a aplicação universal das regras postas. Isso não quer dizer, no entanto, que as empresas devam desenvolver programas de monitoramento e códigos de ética genéricos, voltados indistintamente ao cumprimento da legislação. Se a obrigação de acatamento do direito positivo é uma premissa republicana, um programa de *compliance* tem como propósito oferecer uma orientação de comportamento para os casos de violação que sejam mais prováveis e mais plausíveis.

Nesse sentido, é relevante ter em conta que um programa de *compliance* implica despesas para a companhia, e que é concebido e implementado em meio a outras atividades empresariais, que também implicam investimentos corporativos (RILEY; SOKOL, 2015). Isso significa que a obrigação formal de cumprir a lei implica uma estratégia efetiva e material de definição de objetivos e instrumentos, ou seja, a seleção dos propósitos e dos meios que sejam os mais capazes, em um dado ambiente empresarial, de materializar os comandos legislativos em estratégias corporativas. Para que seja adequado, portanto, o programa deve apresentar uma relação satisfatória de custo e efetividade, pois do contrário pode incorrer em dois tipos de falha, que podem comprometer sua eficácia: (i) programas abrangentes e não sustentáveis e (ii) programas enxutos e não efetivos. Ambos os tipos de falha são projeções decorrentes de uma possível apropriação inadequada da noção de custo e efetividade.

A rigor, a métrica de custo e efetividade é utilizada para as análises de política pública, mas seu instrumental é útil para conceber programas corporativos como os de *compliance*, na medida em que se voltam também a implementar parcelas de uma política. No terreno das políticas públicas, há duas métricas que são utilizadas para projetar os impactos das medidas adotadas pelos governos: (i) avaliações de custo-benefício e (ii) avaliações de custo-efetividade.[12] Na avaliação de tipo custo-benefício, a definição sobre a adoção dos programas ou das políticas é cotejada com o benefício esperado. Só são adotados aqueles programas que apresentam mais vantagens do que despesas. Já a avaliação de tipo custo-efetividade não coloca em causa a adoção do programa ou da política, que é assumida desde sempre como indispensável. Neste caso, a avaliação recai sobre a comparação dos meios mais efetivos e menos custosos para a sua execução. Nesses termos, uma boa relação custo-efetividade é aquela que promove medidas com o menor custo e com maximização dos resultados. A *contrario sensu*, ainda nesta métrica, um programa de baixa qualidade é aquele que pode pecar pelo custo alto ou pela baixa efetividade. Se o problema for de custo, o risco é de sustentabilidade do programa; ao passo que, se o problema for de efetividade, os efeitos serão percebidos no terreno do alcance e da eficácia das medidas.

No caso dos programas de *compliance* concorrencial, o ideal normativo é o de que as empresas o compreendam não em uma chave custo-benefício, mas sim em uma ponderação de custo-efetividade. Se o *compliance* for compreendido em termos de custo e benefício, sua formulação e implementação estarão sujeitas a uma avaliação que pode resultar na recusa de sua adoção; isso em um cenário em que seus custos não compensam seus benefícios. Ambientes dotados de baixa credibilidade regulatória, seja pela baixa capacidade de imposição punitiva, seja pelo caráter brando das penas previstas, podem incentivar este tipo de avaliação. Por esta razão, como assinalado, os elementos antecedentes para uma regulação cooperativa são a capacidade e a credibilidade da autoridade pública na aplicação das "regras do jogo". Do contrário, as opções de cumprir ou não as regras podem ser situadas no problemático quadrante de um *trade-off* em que os custos dos direitos são rivalizados com os riscos da punição.

Situando o programa de *compliance* como um programa real, e não de fachada, a métrica necessária para um desenho e uma implementação satis-

---

[12] Para uma descrição dos mecanismos de avaliação de políticas públicas – custo/benefício e custo/efetividade, ver Ragazzo (2008).

fatórios passa, portanto, ao largo de uma avaliação custo-benefício. Se não está em causa atender ou não ao ordenamento positivo, a concepção de um programa crível demanda uma ponderação adequada dos meios de atuação, para que assim sejam estabelecidos os instrumentos e as estratégias mais capazes de maximizar a sua efetividade.

Sendo assim, se a métrica necessária para um programa efetivo, verdadeiramente imbuído da prevenção e da detecção precoce de condutas anticompetitivas for a de custo-efetividade, o passo indispensável é a definição de seus objetivos. A escolha dos meios mais efetivos será realizada em função dos propósitos a serem perseguidos, e estes, por sua vez, estão associados com os riscos de atuações anticoncorrenciais a que uma determinada empresa está exposta. Em outros termos, a definição do "para que *compliance*" depende do tipo de empresa, de seu ramo de atividade e das suas principais estratégias de atuação.

Nessa linha, o manual de *compliance* concorrencial da ICC assinala que a identificação do ambiente de negócios e de seus riscos concorrenciais é um passo indispensável para a concepção de um programa corporativo de boa qualidade (ICC, 2013). É a partir desse passo que podem ser mensurados a amplitude necessária para o programa de *compliance* e os meios mais efetivos para a sua implementação. A seguinte passagem do manual da ICC é bastante ilustrativa da relevância da identificação dos riscos como uma das etapas constitutivas de um programa de *compliance*:

> The effectiveness of your company's antitrust *compliance* programme and related allocation of resources will depend on whether resources are deployed in the right areas. Understanding the operational risks your company faces will not only help focus on relevant activities, it will also help clarify the relevance and enhance the credibility of the *compliance* programme at all levels of your company. It also allows your company to justify why limited resources are used to tackle higher risks as a matter of priority. To give a couple of simple examples, it may not be relevant to raise awareness of the dangers of bid-rigging within businesses that do not operate in a procurement/tender context; similarly it may not be an efficient use of resources to train employees about the risks of abuse of dominance/market power if the company operates in very highly fragmented markets where players all have low market shares. (ICC, 2013, p. 16).

Tome-se como exemplo do dimensionamento dos riscos em relação aos ambientes corporativos a atuação de empresas em três setores, assumidos como tipos ideais: (i) empresas que disputam compras governamentais; (ii) empresas do setor de varejo com vendas para o consumidor final; e (iii) empresas do ramo de distribuição. Comparativamente, as empresas que contratam com o poder público são expostas a riscos maiores de cartelização, já que atuam em um mercado previamente organizado, usualmente oligopolizado e com um ambiente competitivo entre produtos homogêneos – todos estes elementos favoráveis uma concertação corporativa. Já empresas que atuam no mercado de varejo e que contam com maior competição de produtos tendem a ter o incentivo a organizar um portfólio de produtos para assim amplificar o acesso ao consumidor final. Entre outros, pode haver incentivos para a realização de vendas casadas, organizadas para potencializar a venda do leque de produtos da empresa. Finalmente, companhias do ramo de distribuição podem estar expostas ao estabelecimento de contratos de exclusividade com fornecedores, para assim aumentar os postos de venda de seus produtos e fechar o mercado dos competidores.

Em todos estes casos, os riscos de uma infração concorrencial recaem sobre a companhia, mas podem ter sido praticados por condutas isoladas de funcionários, orientados para a obtenção de bônus e demais premiações, como são as comissões por "esforço de venda". Embora haja diferentes situações e possibilidades para violação da regra concorrencial, a depender do mercado e da empresa, a identificação deste tipo de risco não é diferente do procedimento adotado com os demais tipos de riscos empresariais. Tanto é assim, que o manual de *compliance* da ICC (2013) sugere para os temas antitruste as mesmas metodologias aplicadas para a identificação e prevenção dos demais tipos de risco que costumam afetar as corporações. A metodologia recomendada para o *compliance* concorrencial envolve as duas linhas de avaliação dos demais programas de governança de risco: (i) as possibilidades de ocorrer um dano e (ii) seus efeitos ou impactos (ICC, 2013).

No caso concorrencial, as possibilidades de ocorrência de um dano dizem respeito aos tipos de conduta anticompetitiva a que a empresa está exposta em razão de seu ambiente de negócios. O efeito ou impacto diz respeito ao tipo de condenação prevista para a eventual conduta. Com isso, estabelece-se uma matriz de dois lados, em que a ponderação de riscos apresenta três faixas: baixa (baixa possibilidade da conduta, pouca probabilidade de condenação); média (relativa possibilidade de realização da conduta e razoável possibilidade de condenação); e alta (alta possibilidade de realização da conduta e alta possibilidade de condenação).

Tendo essa distinção em conta, os cenários de baixo risco são aqueles em que há baixa possibilidade de prática de uma conduta e esta é pouco controvertida, não havendo na legislação ou na jurisprudência indicação capaz de tornar o comportamento como antijurídico. A situação oposta é aquela em que os resultados esperados por uma determinada conduta sejam altamente negativos. Não só as condutas tendem a provocar danos conhecidos, como também as sanções, reputacional e legal, são bem estabelecidas nas práticas de mercado e na jurisprudência. Este seria o caso de uma situação de alto risco, que demanda a conformação de ferramentas de governança capazes de evitar tais comportamentos, e assim preservar a companhia de uma possível infração.

Voltando ao exemplo mencionado acima, o Quadro 2, a seguir, apresenta um exercício simples para uma empresa cuja atividade principal é a realização de contratos com a administração pública. Como mencionado, o risco de conduta anticoncorrencial mais provável é a realização de um acordo com seus competidores, como forma de garantir a preferência na licitação. Esse acordo pode acontecer de múltiplas maneiras, como a combinação de preços, a divisão previa de lotes, de forma que as empresas não disputem o lote da concorrente, ou ainda a organização de uma fila, segundo a qual as empresas organizariam uma ordem de vencedores conforme as sucessivas licitações fossem apresentadas pelo administrador público. Todas essas situações são altamente possíveis e representam uma violação clara da lei concorrencial; são, portanto, condutas que merecem uma atenção específica e um tratamento corporativo para que sejam compreendidas e evitadas. São condutas situadas no quadrante direito superior – alta possibilidade de dano e de impacto negativo.

Por outro lado, empresas podem optar por realizar um consórcio, em um momento prévio à realização da licitação. Um consórcio não é um cartel. A lei de licitações admite que as empresas optem por disputar um certame de forma associada, desde que, no entanto, assim estejam formalmente estabelecidas desde o início do processo. Neste caso, o impacto concorrencial tende a ser baixo, não há necessariamente uma afronta competitiva.

Uma situação intermediária, embora ainda distante da de um cartel, pode ser aquela em que os concorrentes celebrem um consórcio capaz de fechar o mercado para outros entrantes. É a situação em que todos os competidores estão formalmente alinhados, frustrando assim a realização de uma competição licitatória efetiva. Também é o caso de um consórcio que reúna todos os fornecedores de um insumo essencial, o que pode impedir que empresas excluídas do arranjo de disputarem em condições razoáveis. Nestes casos, a autoridade concorrencial pode entender que o consórcio representa um abuso de posição dominante. É o que ocorreu na licitação de obras hidroelétricas, quando a Secretaria de Direito Econômico interveio e, por meio de uma medida cautelar, determinou a cessação do acordo de exclusividade que um dos consórcios licitantes apresentava com um fornecedor de turbinas.[13]

Tanto a situação extrema de um cartel, como a intermediária, de um consórcio potencialmente abusivo, aponta para a relevância de um programa de *compliance*. No caso do cartel, o risco de condenação é alto, e as consequências para a companhia podem ser altamente prejudiciais, como: multas elevadas e até a proibição de contratar com o poder público. Já no caso da situação intermediária, o consórcio com risco de abuso de posição dominante, a identificação prévia da decisão corporativa pode permitir uma análise de um expert em antitruste, evitando assim problemas condenatórios e impasses na execução do plano corporativo. O Quadro 2 resume estas possibilidades.

---

[13] Sobre isso descreve Eduardo Gaban (2007): "Diante dos fortes indícios colhidos, a SDE adotou uma medida preventiva visando suspender a eficácia da exclusividade que impedia que os fornecedores com planta no país pudessem dar cotação e posteriormente fornecer turbinas e geradores aos eventuais ganhadores dos leilões. Como se sabe, o debate se estendeu ao Judiciário, mas acabou por ser celebrado um termo de compromisso de cessação de prática (TCC) com o Conselho Administrativo de Defesa Econômica (CADE) em que os investigados pela SDE abriram mão das exclusividades em prol da suspensão das investigações".

Quadro 2 – Análise de Risco Concorrencial

	Impacto Esperado		
Possibilidade da conduta			Risco Alto Ex.: realização de acordos com concorrentes em licitações
		Risco Médio Ex.: realização de consórcios que levem a um fechamento do mercado	
	Risco Baixo Ex.: estabelecimento de consórcio em licitação		

Fonte: Adaptado de ICC (2013, p. 18).

O propósito desta identificação dos riscos, portanto, é a de orientar os esforços da companhia para não incorrer nas práticas anticompetitivas que são mais prováveis e mais impactantes, dado seu ramo de atividade. No caso aludido, o objetivo do programa é o de habilitar funcionários e administradores a contratar com o poder público, sem que o cartel seja considerado uma estratégia minimamente admissível. Da mesma forma, competiria ao programa detectar atuações que possam vir a sofrer contestações, submetendo sua formulação a uma prévia análise antitruste capaz de promover uma organização com maior conformidade competitiva.

Voltando à comparação das métricas acima aludidas, o estabelecimento dos cenários de danos concorrenciais e de impactos esperados observa uma ponderação de custo e efetividade, já que a finalidade é a de, dado um custo, maximizar a realização de condutas competitivas. O método é diferente, portanto, do que viria a ser uma avaliação custo-benefício, que favoreceria, via avaliação de risco punitivo, uma arbitragem de quando é vantajoso cumprir a lei. Se assim for, atuando como uma espécie de "planejamento de punição antitruste", o programa de *compliance* não atenderá a sua finalidade real, que é o condicionamento de condutas em conformidade com a legislação. Portanto, o propósito da identificação dos riscos como baixo, médio e alto não se refere à punição, mas sim ao risco de ocorrência de práticas ilícitas. Em outros termos, o objetivo é o de antecipar problemas e condicionar condutas.

2.2. Governança: como se estabelece o *compliance*?

Se o programa de *compliance* tem como ponto de partida a identificação de seus objetivos, sendo assim entendido como uma resposta para o perfil de risco concorrencial a que a companhia está exposta, sua estruturação demanda a concepção de um arranjo institucional, isto é, de uma governança. Por governança, entende-se o órgão corporativo encarregado de sua implementação e de sua gestão, o seu procedimento decisório, e ainda os mecanismos disponíveis de monitoramento e de detecção das atividades ilícitas.

Há uma variedade ampla de desenhos possíveis para a governança de programas com esse propósito, de forma que a descrição tem como base os tipos reconhecidos pelos manuais e roteiros sugeridos como "boas práticas" no ambiente da defesa da concorrência. Dada a pluralidade de possibilidades, a narrativa a seguir procura apresentar os tipos de governança em uma escala de complexidade: (i) governança terceirizada; (ii) governança não especializada; (iii) governança internalizada.

A escala apresentada tem como parâmetro os tipos usados por Williamson (1985) para descrever as possibilidades de governança das relações econômicas. Para a literatura neoinstitucionalista, notadamente aquela que se ocupa dos custos de transação,[14] há uma relação de ajuste entre tipos de governança e tipos de transação econômica. As transações mais simples, que são aquelas com menor custo, demandam estruturas de governança pouco complexas – é o caso do mercado e dos contratos simples. Conforme os ativos econômicos tornam-se mais especializados e as negociações são mais frequentes, os custos de transação tendem a ser maiores e as transações demandam estruturas de governança mais complexas, como é o caso dos contratos relacionais e, no limite, das hierarquias (internalização da transação na companhia).

Nessa linha, uma governança terceirizada corresponde àquilo que o autor identifica como "mercados", ou seja, relações entre partes indepen-

---

[14] Dentro do institucional podem se reconhecer dois tipos de enfoque: (i) o do ambiente institucional e (ii) o dos mecanismos de governança. A primeira linha ocupa-se dos arranjos institucionais das economias, tais como: os seus sistemas de propriedade, suas regras de contratação etc. A segunda linha volta-se a analisar, dentro de um dado ambiente institucional, quais desenhos de governança são mais ou menos apropriados para uma dada transação – esta é a linha da *economia dos custos de transação*, cuja referência é Oliver Williamson. Para essa distinção, ver Williamson (1994).

dentes e que dizem respeito a trocas de baixa complexidade. O segundo tipo – governança interna não especializada – corresponderia a uma posição intermediária, equivalente à dos contratos relacionais no marco analítico de Williamson, e que reside a meio caminho entre a troca simplificada de mercado e a transação internalizada na empresa. Finalmente, a governança interna e especializada é aquela que corresponde na literatura neoinstitucionalista a uma hierarquia, isto é, a incorporação na firma de determinadas atividades, prescindindo-se assim da transação de mercado.

Assim sendo, o tipo mais simples de governança de um programa de *compliance* é aquele que se aproxima de uma relação de mercado, ou seja, o desempenho é organizado por meio de um contrato. Nesse tipo, pequenas empresas ou empresas que porventura estejam pouco expostas a riscos de natureza concorrencial podem atribuir a formulação e a administração de seu programa a um escritório externo ou a uma firma de consultoria. A vantagem dessa opção é a de não assumir os custos de uma administração interna da governança. A desvantagem, no entanto, é o menor controle de seu funcionamento e dos resultados alcançados. A analogia com o mercado sugere justamente que a delegação do *compliance* a um organismo externo à empresa incorpora uma transação descontínua, em que as atribuições são estabelecidas e atribuídas a um agente alheio à empresa, tal como ocorre em uma troca econômica. Por isso, ao optar pela terceirização da formulação e da administração do programa de *compliance*, a empresa pode incorrer em um menor custo de gestão, mas assume o ônus de não conceber um programa customizado para as suas necessidades e ainda não internaliza esta competência organizacional. É dizer: trata-se de um programa de prateleira.

Um segundo tipo mais complexo é o da governança interna sem especialização funcional. Trata-se de um arranjo organizado internamente, sendo administrado por um organismo corporativo também encarregado de outras funções, como é o caso do departamento jurídico, do departamento financeiro, ou mesmo da controladoria da companhia. Comparativamente ao tipo anterior, o *compliance* é formulado e administrado nos ambientes internos da companhia, embora o organismo responsável e seus procedimentos não sejam especializados. Ainda que atribuído a órgãos já existentes na companhia, a internalização da formulação e da sua administração pode representar um custo tendencialmente mais alto para a empresa do que o verificado no modelo anterior (terceirização). Por outro lado, a realização doméstica do *compliance* também favorece a definição de regras e monitoramentos mais ajustados à realidade corporativa.

Se um padrão de mercado, amparado em programas de *compliance* padronizados, na forma de um "produto de prateleira", é potencialmente vantajoso para empresas menores ou com níveis baixos e objetivos de exposição a riscos concorrenciais, a internalização da governança supõe um programa mais ajustado às especificidades da empresa e, por isso, vantajoso para empresas com maior complexidade, seja ela organizacional ou de risco concorrencial. Demais disso, a internalização do programa de *compliance* na companhia, assim como de seu monitoramento, permite a formação de competência organizacional nesse campo e reduz a dependência da companhia de fornecedores externos. Essa menor dependência é tanto mais relevante quanto mais específicas vierem a ser as necessidades da empresa, que pode perder na qualidade de seu controle interno se suas necessidades forem mais específicas do que a oferta existente no mercado.

Por fim, o tipo mais complexo de governança é aquele em que não apenas ocorre a internalização da formulação e de seu monitoramento, como também os órgãos encarregados e seus procedimentos são especializados nesta atribuição. Em relação ao tipo anterior, neste modelo a governança conta com um arranjo interno destacado e funcionalmente especializado. Em relação ao custo, pode-se assumir que é uma estrutura mais dispendiosa, já que seu ganho de escala e de escopo tende a ser menor, na medida em que há maior dispersão de atividades entre os órgãos corporativos. No modelo intermediário, um mesmo órgão corporativo desempenha mais de uma função, sendo o *compliance* apenas uma delas. Já neste tipo, o *compliance* concorrencial conta com um organismo específico que é dotado de uma competência pontual.

Se o ganho de escala e de escopo pode ser menor, há, por outro lado, ganhos relativos à customização do programa e à sua maior pertinência com as atividades desenvolvidas pela empresa. Riscos concorrenciais específicos apresentados por organizações complexas podem demandar uma aderência estreita entre o tipo de controle e as atividades desempenhadas pela companhia.

Seguindo, portanto, a régua da economia dos custos de transação, de acordo com a qual o padrão de governança adequado é aquele que é compatível com a transação em questão, pode-se entender que um órgão interno e especializado para a formulação, gestão e monitoramento de um programa de *compliance* é recomendável para grandes empresas e empresas que realizam atividades sujeitas a maiores riscos e dificuldades de controle. É o caso de empresas expostas a setores comumente cartelizados ou ainda empresas que atuam em diversos países, fatores estes que desafiam o autocontrole empresarial. O Quadro 3, abaixo, ilustra as possibilidades de governança.

Quadro 3 – Tipos de governança do *compliance*

Tipos de governança do *compliance* concorrencial		
Mercados		Hierarquias
Governança terceirizada	Governança interna e não especializada	Governança interna e especializada

Fonte: Elaboração própria.

Além da definição do tipo de autoridade corporativa encarregada da formulação e da gestão do programa de *compliance*, há um segundo elemento no âmbito da governança que é igualmente relevante: o procedimento de monitoramento e de detecção das atividades ilícitas. O manual formulado pela ICC apresenta dois procedimentos básicos de detecção: não anônimos e anônimos. As denúncias não anônimas são aquelas em que funcionários se reportam a superiores para relatar a descoberta de eventos em desconformidade com as políticas da empresa. Nas denúncias anônimas, por sua vez, a empresa estabelece um canal privado de comunicação para os funcionários, ou até mesmo aberto para cidadãos alheios à companhia para que, sem identificação, relatem a ocorrência de indícios de más práticas concorrenciais.

A vantagem de um programa de detecção não anônimo é sua menor complexidade, dado que não demanda uma estrutura de comunicação própria. Além disso, o estímulo para colaboração permanente, sem ritos e procedimentos que imponham o anonimato, pode favorecer a formação de um *ethos* coletivo, segundo o qual todos são sujeitos ativos e participantes da construção de uma identidade proba da companhia. Seu aspecto negativo é a possibilidade real de um desestímulo para o apontamento de condutas desconformes, caso não exista a confiança arraigada de que não ocorrerão represálias ao denunciante. Sendo assim, os procedimentos anônimos – procedimentos de *whistleblowers* – tendem a ser indicados pelos guias e pela literatura pelo potencial maximizar das denúncias, dada a proteção do anonimato.[15]

Voltando à régua da economia dos custos de transação, pode-se admitir que os procedimentos de detecção também são ajustáveis aos tipos de organização e ao risco concorrencial a que estão expostos. Para as organizações maiores, assentadas em relações sociais distantes, e expostas a maiores riscos de infração concorrencial, procedimentos anônimos apresentam maiores vantagens comparativas. Nestes casos, a identidade corporativa passa menos pelas relações pessoais e mais pelos procedimentos e regras estipuladas pela administração da companhia. Já as companhias pequenas e menos expostas podem estabelecer, ao menos em suas fases preliminares, programas de *compliance* sem canais específicos de denúncia.

2.3. Ferramentas: por quais meios o *compliance* é estabelecido?

As diferentes possibilidades de governança têm por objeto a definição de competências e de procedimentos que coordenam a atuação do programa de *compliance*. Neste arranjo, sua atuação conta com instrumentos, ou ferramentas, que dão efetividade aos objetivos e movimentam a engrenagem de incentivos destinada a induzir comportamentos em conformidade com as regras postas. As ditas ferramentas são, portanto, os mecanismos normativos, de punição e de recompensa, que os programas desenvolvem para orientar a conduta dos agentes encarregados da tomada de decisões no ambiente corporativo. Nessa linha, podem-se entender as ferramentas de *compliance* como sendo diretas ou indiretas, a diferença entre ambas depende do tipo de finalidade dos mecanismos e do impacto causado na orientação dos comportamentos.

As ferramentas indiretas são aquelas cujo objeto principal é outro que não a orientação de comportamentos, mas que geram impactos na forma de decisão e de orientação das condutas na companhia. Entre essas ferramentas indiretas, destaca-se a política de bônus, que, embora refira-se imediatamente ao modo de remuneração de funcionários e administradores, pode apresentar efeitos significativos sobre os comportamentos e estratégias adotadas pela companhia (RILEY; SOKOL, 2015). A participação de lucros e resultados é dos mais poderosos incentivos administrados pela empresa porque implica a apropriação de ganhos. Se os incentivos finan-

---

[15] Para alguns exemplos disso, ver ICC (2013) e OECD (2011).

ceiros não são vinculados a uma métrica estreita de cumprimento de preceitos e regras, podem-se estimular comportamentos lucrativos no curto prazo, mas predatórios em um horizonte maior de tempo. Em concreto, uma política de bônus projetada em descompasso com os propósitos do *compliance* pode minar as finalidades do programa. A seguinte passagem de Riley e Sokol resume bem este ponto:

> If employees receive bonuses based on certain profitability metrics (and particularly profitability metrics related to the performance of an individual business unit rather than the corporate group as a whole), this may encourage the employees to meet their performance-based metric by any means necessary – including engaging in anti-competitive discussions. There is a risk in which the rewards of the individual employee may not be well aligned with the desire of the company as a whole to behave ethically. While companies clearly want to maximize profits, this should only be done in a legitimate and lawful way, and therefore companies need to consider whether their own pay policies encourage ethical behavior or incentivize short cuts and illegal behaviors. Thus, consideration of incentives should ideally be part of a credible *compliance* and ethics programme. Employees might be willing to risk joining a cartel if a very substantial proportion of their individual pay is linked to their own business results or targets, as the short-term incentive of a significant payout will increase, especially if the risk of detection is low both inside the company from *compliance* officers and outside the company from antitrust enforcers. (2015, p. 55).

As ferramentas diretas são aquelas constituídas para o fim precípuo de orientar comportamentos na companhia, estabelecendo assim as regras do jogo. Trata-se do código de condutas, em que se apresentam as atitudes autorizadas e as atitudes não autorizadas. São ferramentas diretas de *compliance* porque sua concepção e atuação voltam-se direta e especificamente à finalidade regulatória no ambiente interno da companhia. Assim como há diferentes objetivos possíveis para um programa de *compliance*, em razão do tipo de risco a que a empresa pode estar exposta, e uma variedade de formatos de governança para as medidas, há também um conjunto diverso de ferramentas aptas a estabelecer o que pode e o que não pode ser realizado.

Seguindo a mesma lógica de se estabelecer uma régua tipológica para assim analisar a complexidade do programa de *compliance*, as ferramentas diretas, ou seja, os códigos de conduta, podem ser distribuídas em três tipos: genéricas, concretas e específicas. Os códigos genéricos são os de menor complexidade e seriam correspondentes a uma governança terceirizada. Seus termos são orientados para apresentar em uma linguagem mais simples o que a lei admite e o que a lei não admite, sem, no entanto, apresentar maior concretude a condutas lícitas e ilícitas.

Os códigos com regras concretas representam um parâmetro de formulação algo mais sofisticado do que o modelo anterior. Para além de apresentar diretrizes gerais concernentes a legalidade de condutas, traz regras concretas do que se pode ou não fazer para assim garantir um comportamento que esteja em conformidade com a legislação. Há diversos expedientes possíveis para dar concretude a um código de condutas, de exemplos ilustrativos à disponibilização de casos precedentes em que a companhia se envolveu efetivamente.

Finalmente, o tipo mais sofisticado de regra de *compliance* nessa escala de três níveis seria representado por um código com padrão de concretude e que também apresente regras concretas específicas para determinadas condutas corporativas. Para companhias expostas a um maior risco de infração concorrencial, a disposição de parâmetros mais estreitos, por meio de exemplos ou até mesmo de precedentes específicos, tende a garantir maior capacidade de prevenção de condutas anticompetitivas.

Quadro 4 – Tipos de regra de *compliance*

Tipos de regra de *compliance* concorrencial		
Simples		Complexas
Regras genéricas	Regras com condutas concretas	Regras com condutas concretas e específicas a determinados riscos

Fonte: Elaboração própria.

2.4. O que é um *compliance* efetivo?

Diante da descrição anterior relacionada aos três elementos constitutivos de um programa de *compliance* concorrencial – objetivos (para que *compliance*?); governança (como?); ferramentas (por quais meios?) – a questão final deste capítulo é como distinguir um programa potencialmente efetivo de um programa tendencialmente falho, ou, ainda, um programa de fachada.

A efetividade de um programa de *compliance* depende de sua real incorporação nas práticas corporativas (ICC, 2013; OECD, 2011). Os guias e manuais mais relevantes sobre o tema destacam que o programa não pode ser apenas entendido como uma atribuição dos funcionários, isentando-se assim os administradores da responsabilidade de promovê-lo e de obedecê-lo. Diferente disso, o êxito do programa depende de sua incorporação pelos mais altos gestores corporativos, a quem cabe projetar a sombra que norteia as decisões dos indivíduos que atuam na companhia. Apenas quando o conjunto da companhia, de seus mais altos postos de comando até os últimos elos da cadeia de delegação, estiver imbuído do respeito aos códigos e procedimentos, é que o programa de *compliance* resulta em um dispositivo eficaz.

Nos termos da literatura especializada, o programa de *compliance* precisa estar arraigado na empresa, representando de fato um elemento constitutivo da atuação organizacional. Somente assim pode-se esperar a indução de um comportamento empresarial voltado para o cumprimento das normas e para a adoção de práticas lícitas de comércio. Se assim não for, por sua vez, o programa não atenderá sua finalidade de prevenção e detecção de más práticas ou, no pior cenário, poderá constituir apenas um programa de fachada, nos termos utilizados pela minuta de Guia de *Compliance* apresentado pelo CADE (2015). A seguinte passagem do guia da ICC é bastante aguda neste ponto:

> Another key practical step in building a *compliance* culture is to get buy-in and commitment from your senior management, as the culture of your company is almost always driven by senior management. If the most senior management in your company sees antitrust *compliance* as a necessary business imperative, their support will shape your company's culture. If a company does not have management commitment as the essential foundation of its *compliance* structure, the *compliance* programme simply will not work. The starting point in any good *compliance* programme is to obtain genuine management commitment and visible management support as this will drive culture. (ICC, 2013).

Em vista da dificuldade em mensurar a incorporação do *compliance* na cultura de uma dada corporação, este trabalho procurou constituir uma régua alternativa, baseada nos elementos heurísticos acima descritos. Para avaliar o potencial de efetividade dos programas, observa-se o grau de consistência de seus elementos constitutivos.

Quadro 5 – Consistência do programa de *compliance*

Companhias pequenas e expostas a baixos riscos concorrenciais	Companhias médias e expostas a riscos concorrenciais moderados	Companhias grandes e expostas a riscos concorrenciais significativos
Governança terceirizada	Governança interna e não especializada	Governança interna e especializada
Regras genéricas	Regras com condutas concretas	Regras com condutas concretas e específicas a determinados riscos

Fonte: Elaboração própria.

Assume-se assim que programas assentados em uma alta consistência interna entre as atividades praticadas pelas empresas, os riscos identificados nos objetivos do programa, a adequação do desenho de governança em face desses riscos e da complexidade organizacional, e a seleção apropriada das ferramentas, são aqueles que contam com maior comprometimento da organização e tendem a uma maior efetividade. Por via reversa, programas que apresentam inconsistências entre esses elementos revelariam uma menor adesão ao *compliance*, entendido como um programa privado verdadeiramente comprometido com a promoção de uma parcela da política pública de defesa da concorrência.

Capítulo 3
Estudos de caso: "clube das empreiteiras" e Siemens

Os capítulos anteriores procuraram apresentar o contexto conceitual e também os elementos relevantes que informam as boas práticas de *compliance* concorrencial. De seu contexto conceitual, decorre a sua consideração como uma alternativa regulatória, capaz de permitir uma redistribuição de encargos entre a autoridade concorrencial e as empresas. Das boas práticas e parâmetros oferecidos pela literatura institucionalista e por agências internacionais, como a ICC e a OCDE, foram colhidas balizas que permitem uma avaliação dos programas de *compliance*. Podem-se assim identificar as propostas mais consistentes e potencialmente mais efetivas e aquelas que apresentam desajustes que podem comprometer sua eficácia.

A fim de ultrapassar as análises meramente normativas, este capítulo apresenta dois estudos de caso para assim analisar com mais realidade os elementos constitutivos de programas de *compliance* concorrencial. No primeiro caso, analisaram-se os programas de *compliance* do, assim conhecido, "clube das empreiteiras", um grupo de 16 empresas investigadas pela Polícia Federal e pelo CADE pela organização de um cartel nas licitações e contratações da Petrobras. Os programas analisados correspondem à versão disponível no *website* das empresas em 24 de julho de 2015.

O segundo caso analisado é a experiência da Siemens. De forma semelhante ao que sugerem as evidências do caso brasileiro, a empresa também enfrentou problemas concorrenciais e práticas de corrupção em licitações, participando igualmente de cartéis em certames públicos. No entanto, a Siemens e as empresas brasileiras estão em fases diferentes. Enquanto boa parte das empresas do "clube das empreiteiras" está sendo investigada pela primeira vez por diferentes autoridades no âmbito da burocracia brasileira, a Siemens já sofreu severas condenações concorrenciais e também por outras práticas ilícitas relacionadas a atos de corrupção nos Estados Unidos, na Alemanha e na União Europeia. As reiteradas condenações deram ensejo a um programa robusto e sofisticado de *compliance*. Em alguma medida, parte significativa dos programas das empresas brasileiras analisadas parece se situar no patamar apresentado pela Siemens há alguns anos.

Há uma ressalva importante a ser apresentada: os programas de *compliance* foram analisados apenas pelos documentos públicos oferecidos pelas companhias. As empresas podem ter regras, políticas e procedimentos não divulgados. Como, no entanto, este trabalho tem como premissa analítica que o *compliance* se situa em um panorama intelectual e político em que as empresas são agentes socialmente responsáveis, a publicidade de suas políticas é um aspecto indispensável para a mediação dos interesses que ultrapassam a corporação. Nesses termos, a publicidade da política de *compliance* é parte do próprio *compliance* e por isso habilita uma análise circunscrita aos documentos públicos.

3.1. O "clube das empreiteiras" e seus programas de *compliance*

No começo de 2015, como desdobramento da propalada operação Lava Jato – investigação conduzida pelo Ministério Público Federal e pela Polícia Federal, que investiga atos de corrupção e ilícitos concorrenciais praticados em contratos de empresas fornecedoras da Petrobras S.A. – uma das empresas investigadas realizou um acordo de leniência com o CADE.

Neste período, a imprensa já noticiava que a *joint venture* sino-brasileira Toyo Setal negociava, corporativamente e também por meio de seus executivos, acordos de delação com as autoridades brasileiras (MACEDO; BRANDT, 2014). As notícias se concretizaram. A Setal Engenharia e Construções S.A., braço brasileiro da *joint venture*, realizou uma leniência no CADE, em que reconheceu ter participado de um cartel nas licitações da estatal e apontou todas as demais possíveis empresas participantes do eventual conluio. Em razão disso, em 19 de março de 2015, a Superintendência Geral da autarquia instaurou o inquérito administrativo 08700.002086/2015-14, voltado a investigar a realização da conduta e apurar a participação dos envolvidos, o que pode culminar em uma condenação pelo tribunal do CADE.

Assim como ocorre em outras jurisdições, a legislação brasileira de defesa da concorrência, Lei nº 12.529/11, prevê a figura do acordo de leniência. A finalidade deste dispositivo é incentivar a colaboração de empresas que porventura tenham praticado condutas ilícitas. Tanto a experiência internacional como a nacional indicam que a leniência é um mecanismo útil para descoberta e para a punição de cartéis, já que essa conduta consiste em um jogo cooperativo e de difícil detecção.

De um lado, as empresas participantes dos cartéis têm incentivos fortes para cooperar com um jogo que lhes é favorável, mantendo assim a combinação que compõe o cartel. De outro, os prejudicados são usualmente grupos difusos ou agências de governo, de forma que os prejuízos financeiros não são percebidos com facilidade (Sokol, 2012). O resultado é uma cooperação ilícita, porém estável.

Diante disso, autoridades concorrenciais têm apostado no acordo de leniência como um mecanismo de detecção e de dissuasão dos cartéis. A regra nacional, que foi inspirada nas práticas internacionais, estabelece que a primeira empresa que denunciar o cartel, e apenas esta, pode ter benefícios, apurados na forma de um desconto punitivo, que podem chegar até a não punibilidade do delator. Esta possibilidade de reduzir ou evitar uma punição e a sua limitação à primeira empresa que procurar a autoridade concorrencial inserem um elemento competitivo na estabilidade cooperativa dos cartéis: a leniência torna a traição um bom negócio.

É certo que a operação Lava Jato desenrolou suas atividades em torno de denúncias de corrupção e investigações policiais. De todo modo, desde o final de 2014 já existiam indícios de que uma cartelização de empresas poderia estar por trás dos atos de corrupção. Foi o que a auditoria interna conduzida pela própria Petrobras, iniciada após a primeira delação, revelou em relação às licitações ocorridas na prospecção da refinaria Abreu e Lima, em Pernambuco (Ferreira, 2014). Essa descoberta, aliás, resultou na suspensão da participação de 23 empresas nas licitações da estatal a partir de dezembro de 2014 (Petrobras, 2014).

Em sua leniência, a Setal Engenharia e Construções S.A., empresa brasileira que presta serviços à Petrobras, individualmente e também no âmbito da *joint venture* Toyo Setal, denunciou as mesmas empresas que já haviam sido bloqueadas pela Petrobras. Nos termos da versão pública disponibilizada no sítio eletrônico do CADE, a Setal aponta a realização das seguintes práticas anticoncorrenciais pelas empresas participantes do cartel: acordos de fixação de preços, condições, vantagens e abstenção de participação dos competidores e divisão de mercado entre concorrentes em licitações públicas de montagem industrial *onshore* da Petrobras, no Brasil. Tais práticas estariam ocorrendo ao menos desde o final dos anos 1990 e a denunciante relata ter delas participado até o ano de 2012.

Nos termos desse acordo de leniência, o cartel teria iniciado com a participação de nove empresas, conhecidas como "clube das 9", eram elas: Camargo Corrêa S.A., Construtora Andrade Gutierrez S.A., Construtora Norberto Odebrecht S.A., Mendes Júnior Trading Engenharia, MPE Montagens e Projetos Especiais S.A., Promon S.A., Setal/SOG Óleo e Gás, Techint Engenharia e Construção S.A. e UTC Engenharia S.A. Ao longo das tratativas anticompetitivas, outras sociedades passaram a fazer parte do grupo, completando-se então aquele que ficou conhecido como "clube das empreiteiras". Em seguida, além das nove empresas iniciais, o cartel passou a contar também com as seguintes companhias: Construtora OAS S.A., Engevix Engenharia S.A., Galvão Engenharia S.A., GDK S/A, Iesa Óleo & Gás S.A., Queiroz Galvão Óleo e Gás S.A. e Skanska Brasil Ltda.[16] Com as nove empresas iniciais, a cartelização teria iniciado em 1998 e, com a adesão das demais participantes, as atividades ilícitas teriam chegado ao seu ápice organizacional entre 2003 e 2004, conforme relato da Setal.[17]

Como visão geral, no que tange aos programas de *compliance* concorrencial, a maior parte das empresas citadas pela Setal apresenta apenas referências genéricas a códigos de ética corporativos, com alusões pouco concretas à legislação concorrencial e às licitações públicas. Algo semelhante ocorre com as estruturas de governança dos programas. Parte relevante dos documentos que apresentam as políticas corporativas relativas a este tema descreve apenas uma estrutura genérica de governança, tais como: o órgão encarregado da gestão e o monitoramento dos programas.

---

[16] Outras sete empresas aparecem com participação esporádica na denúncia, quais sejam: Alumni Engenharia S.A., Carioca Engenharia, Construcap CCPS Engenharia, Fidens Engenharia S.A., Jaraguá Engenharia e Instalações Industriais Ltda., Schahin Engenharia S.A. e Tomé Engenharia. No entanto, trata-se de empresas menores, com pouca informação disponível *online*, tendo-se preferido não investigá-las nesse momento.

[17] A versão pública do acordo de leniência firmado entre a Setal e o CADE está disponível em: <http://www.cade.gov.br/upload/HC%20Vers%C3%A3o_P%C3%BAblica.pdf>. Acesso em: 30 out. 2015.

Em relação às regras, uma análise mais detida dos códigos de conduta apresentados pelas empresas revela quatro tipos de programa de *compliance*: (i) programas de *compliance* que contam apenas com parâmetros concorrenciais genéricos; (ii) programas de *compliance* com parâmetros concorrenciais com elementos concretos; (iii) programas com parâmetros concorrenciais expressos para contratações públicas; (iv) programas sem parâmetros concorrenciais.

Os programas de *compliance* com parâmetros concorrenciais genéricos são aqueles em que há menção a regras e princípios competitivos gerais, mas que não trazem balizas concretas, como exemplos e situações do que não pode ser realizado. Os códigos de conduta são amplos no sentido de que cobrem o comportamento dos colaboradores em relação a aspectos éticos gerais, como temas sociais e ambientais, que podem resultar do impacto da ação empresarial. É o caso da repressão em abstrato a condutas racistas, sexistas e abusivas, assim como da promoção genérica do respeito às comunidades locais, que podem porventura residir próximo aos projetos da empresa. É com esse grau de amplitude que são também mencionadas as práticas competitivas.[18]

As empresas Camargo Corrêa Construções, Norberto Odebrecht, Engevix, Queiroz Galvão e Skanska são exemplos deste primeiro tipo de programa de *compliance*, assentado em regras gerais. Os códigos disponibilizados publicamente pelas companhias trazem apenas alusões genéricas em favor do livre mercado e do respeito à concorrência, mas não se verificou em nenhum destes casos um código de regras explicitando condutas admitidas e não admitidas. A seguinte passagem das regras de *compliance* disponibilizadas pelo grupo Odebrecht exemplifica o tom generalista do regramento:

---

[18] Procurou-se complementação de informações pela própria linha ética da Andrade Gutierrez, da OAS, da Odebrecht, da Engevix, da Iesa, da Queiroz Galvão e da UTC em 24 de julho de 2015. Apenas o departamento de *compliance* da UTC já respondeu o pedido. Tentou-se obter mais detalhes sobre a política de *compliance* da GDK e da Mendes Júnior em contato telefônico, sem sucesso. Também foi empreendido contato telefônico com a MPE Montagens, cujo funcionário responsável informou realmente não ter conhecimento de código de conduta ou política de *compliance* na empresa. Em relação à Setal, o contato telefônico não foi completado e o e-mail informado no seu *website* está desativado. Não era necessário obter mais informações da Techint nesse estágio de levantamento de dados, mas destaca-se que não foi encontrado o *link* para sua ferramenta *online* de denúncia.

A concorrência leal deve ser elemento básico em todas as operações das Empresas da Organização. A competitividade das ações empresariais da Organização deve ser exercida e aferida com base neste princípio. Não devem ser feitos comentários que possam afetar a imagem dos concorrentes, nem que contribuam para a divulgação de boatos sobre eles. Os concorrentes devem ser tratados com o mesmo respeito com que a Empresa espera ser tratada. Contudo, é proibido fornecer informações de propriedade da Organização a concorrentes. As Empresas da Organização devem atuar em estrita observância às normas que visam preservar a natureza competitiva das concorrências públicas e privadas, sendo vedada qualquer prática ou ato que tenha por objetivo frustrar ou fraudar o caráter competitivo destes procedimentos. (ODEBRECHT, 2013, p. 12-13).[19]

Os programas de *compliance* com parâmetros concorrenciais concretos são aqueles em que, para além de dispositivos gerais de atendimento aos parâmetros legais de concorrência, foram encontradas também seções com maior especificidade, tais como exemplos de condutas e descrição de comportamento não admissíveis, não se resumindo, portanto, apenas a orientação sobre o estrito cumprimento da lei concorrencial.

Este é o caso da Andrade Gutierrez e da UTC, que enumeram de maneira taxativa práticas ilícitas do ponto de vista concorrencial. O texto a seguir, extraído do código de conduta da Andrade Gutierrez, permite ilustrar a maior especificidade deste código de *compliance*, em relação ao tipo anterior:

> No relacionamento com seus concorrentes, os Colaboradores devem estar atentos às normas de defesa da concorrência, sendo terminantemente proibidos quaisquer acordos e/ou trocas de informações confidenciais comercialmente sensíveis (e.g. preço, custos, margens, planos comerciais ou de investimento) com concorrentes, bem como quaisquer entendimentos e/ou acordos entre concorrentes, explícitos ou tácitos, que possam ensejar ou influenciar, direta ou indiretamente, a fixação de preços, reajustes, descontos, quotas de produção e/ou condições de venda, divisão de mercados ou clientes, alocação de revendedores ou mesmo acordos de "respeito mútuo" a rede de revendedores de concorrentes, entre outras medidas que possam limitar ou restringir de qualquer forma a livre concorrência no mercado. Seja no

---

[19] Este é todo o conteúdo da seção de concorrencial do código de conduta da Odebrecht.

âmbito de concorrências privadas ou em relação a concorrências públicas, a Andrade Gutierrez e seus Colaboradores, não deverão realizar acordos com concorrentes para aumentar ou fixar preços, dividir um conjunto ou lotes de licitações ou de qualquer outra forma afetar ou manipular o resultado de processos competitivos de compras ou aquisição de serviços ou concessões. (ANDRADE GUTIERREZ, [20-?], p. 16).

O terceiro tipo de regra é formado por programas de *compliance* concorrencial com parâmetros expressos para contratações públicas. Neste caso, os códigos de conduta trazem regras, casos ou exemplos, que tratam especificamente das condutas competitivas no ambiente das contratações públicas e das licitações. A Galvão Engenharia, a Iesa Óleo & Gás, a Promon e a OAS são as empresas que contam com uma política com menção explícita à vedação de acordos com competidores em licitações públicas.[20] A seguinte passagem, extraída do código de conduta anticorrupção da Iesa, ilustra este tipo de programa:

É vedada a qualquer colaborador da IESA Óleo & Gás S/A, inclusive qualquer representante que atue em nome da IESA Óleo & Gás S/A, a manutenção de contatos com concorrentes participantes de licitação, da qual a IESA Óleo & Gás S/A seja participante em qualquer grau, que tenham por objetivo diminuir, fraudar, frustrar ou acabar com a competição entre os concorrentes. A proposta realizada em licitação é sigilosa. É vedada sua divulgação a qualquer terceiro (em especial concorrente) que não seja colaborador da IESA Óleo & Gás S/A ou parceiro comercial no mesmo certame. É vedado a qualquer colaborador da IESA Óleo & Gás S/A manter contatos com concorrentes para a combinação de preços. É vedado a qualquer colaborador da IESA Óleo & Gás S/A manter contatos com concorrentes para a troca de informações privilegiadas, não públicas, que visem frustrar o caráter competitivo de uma licitação. É vedado qualquer contato com concorrente que tenha como fim determinar reserva de mercado. (IESA ÓLEO & GÁS, [201-], p. 9).

Finalmente, há ainda empresas que, embora possam ter um programa de *compliance* sobre os demais temas corporativos, não aludem a práticas

---

[20] No caso da Galvão, é mantido um código de ética amplo com seção concorrencial genérica e uma política de conduta e integridade que veda explicitamente acordos com competidores em licitações públicas. Em relação à Iesa, é mantido apenas um código de conduta anticorrupção específico.

concorrenciais na orientação da conduta de seus funcionários, nem genérica e nem especificamente. Estes são os casos da GDK S.A., da Techint e da Mendes Júnior. Por fim, a MPE Montagens e a Setal não têm política de *compliance* divulgada.

Quadro 6 – Tipos de código de compliance [21]

Parâmetros concorrenciais genéricos	Parâmetros concorrenciais concretos	Parâmetros expressos para contratações públicas	Ausência de parâmetros concorrenciais	Indisponibilidade do programa de *compliance* para livre consulta
Camargo Corrêa; Odebrecht; Engevix; Queiroz Galvão; Skanska	Andrade Gutierrez; UTC	Galvão; Iesa; Promon; OAS	Techint; GDK; Mendes Júnior;	Setal; MPE

Fonte: Elaboração própria.

Análise semelhante foi feita para a governança das regras de conduta das empresas. Assim, o trabalho classificou os programas como amparados em: (i) governança de mercado; (ii) governança interna; (iii) governança interna especializada; (iv) governança não esclarecida ou inexistente; e o último critério que não é excludente dos demais que é a existência de procedimento público para a realização de denúncias – canal de *whistleblower*.

A maioria das empresas apresentou uma governança interna, quais sejam: Camargo Corrêa, Andrade Gutierrez, Odebrecht, OAS, Engevix, Galvão, Iesa, Mendes Júnior, Promon, Queiroz Galvão, UTC, Techint e Skanska. Isso significa que todas estas empresas declararam ter um departamento, comissão ou comitê próprio para assuntos de *compliance*, embora nem todas tenham departamentos com atribuições específicas e permanentes relativas à administração dos programas, notadamente relativos à concorrência.

---

[21] Nos casos da OAS, da Engevix, da GDK e da Mendes Júnior, o código e as informações sobre a política de *compliance* não estavam disponíveis no *website* e foram encontrados após pesquisa com palavras-chave no Google.

Nenhuma das empresas relata terceirizar suas atividades de *compliance*, salvo a administração da linha de denúncias. Isto é, de acordo com os documentos disponibilizados, não há caso integral de governança de mercado no "clube das empreiteiras". Por outro lado, nenhuma empresa apresenta características dignas de uma governança interna realmente especializada em *compliance* concorrencial. Apenas a Galvão apresenta uma governança de *compliance* que revela a adoção de procedimentos que estejam atentos às necessidades decorrentes dos riscos específicos da atividade da empresa.

Embora o programa de *compliance* da Galvão seja muito recente, tendo sido iniciado em 2014, conforme declara a empresa, a sua estrutura de governança parece promissora se funcionar como indicado no seu código de conduta. A empresa conta com um Comitê de Ética, que coordena as atividades relacionadas ao código, soluciona dúvidas e dilemas, assim como conduz investigações de denúncias. A empresa conta ainda com um Comitê de Auditoria e Riscos, que tem a atribuição de avaliar ativamente qualquer tipo de risco a que o grupo esteja sujeito. Esse comitê é composto por um conselheiro de administração, um diretor e um membro da área de *compliance* da empresa. Esta área de *compliance*, por sua vez, está acima dos comitês e abaixo da diretoria da empresa e tem como responsabilidade assegurar a conformidade dos procedimentos internos com os padrões e as boas práticas definidos pelo grupo empresarial, bem como garantir a adequação e o funcionamento do sistema de controles. Por último, é prevista também uma auditoria interna periódica para a área de *compliance*, visando a preservação, a eficiência e a eficácia dos controles estabelecidos pela diretoria, por meio da emissão de relatório de conformidades e não conformidades.

Com relação à abertura das empresas à sociedade, inclusive para receber denúncias, apenas a Andrade Gutierrez, a GDK e a Mendes Júnior não mantêm linha ética voltada a denúncias realizadas pelo público em geral. Nestes casos, as denúncias éticas provavelmente ocorrem apenas do modo não anônimo. Em todas as demais empresas é possível a qualquer pessoa realizar denúncia – canal de *whistleblower*. A Camargo Corrêa, a Engevix, a Queiroz Galvão e a UTC contratam consultoria externa para administrar a linha. Assim, têm-se que nessas empresas, em alguma medida, alia-se uma governança interna a uma governança de mercado – ao menos, para administrar o programa de *compliance*. No caso da Odebrecht, há um tutorial sobre como fazer e acompanhar a denúncia e a Skanska exige que

COMPLIANCE CONCORRENCIAL

o relato seja feito em inglês na sua página brasileira, o que é um fator limitador de acesso.

Quadro 7 – Tipos de governança do *compliance* – "clube das empreiteiras"

Governança de mercado	Governança interna	Governança interna especializada	Governança não esclarecida ou inexistente	Procedimento público para denúncia
Camargo Corrêa; Engevix; Queirós Galvão; UTC (apenas para linha de denúncias)	Camargo Corrêa; Andrade Gutierrez; OAS; Engevix; Odebrecht; Mendes Júnior; Queiroz Galvão; Promon; Skanska; Techint; UTC; Iesa; Galvão		GDK; Setal; MPE	Camargo Corrêa; Odebrecht; Promon; Techint; UTC; OAS; Engevix; Galvão; GDK; Queiroz Galvão; Iesa; Skanska

Fonte: Elaboração própria.

Em relação ao ano de estabelecimento dos programas de *compliance*, o mais antigo é o da Promon. A empresa declara que possui código de conduta desde 1970, sendo o código atual o resultado de um aperfeiçoamento ao longo do tempo. A Skanska tem a política de *compliance* desde 2002, e a Techint, desde 2005. As demais empresas que disponibilizam essa informação só passaram a ter programas de *compliance* nos anos mais recentes. Este é o caso da Camargo Corrêa, que só adotou esse tipo de programa interno em 2012. A Iesa e a Odebrecht adotaram regras e procedimentos internos de *compliance* em 2013, e a OAS e a Galvão Engenharia, apenas em 2014.

É particularmente ilustrativa da defasagem de consistência de muitos desses programas a decisão recente do CADE sobre a Camargo Corrêa: o órgão determina que a empresa estabeleça um programa de *compliance*. A empresa firmou, em 19 de agosto de 2015, com a autarquia um Termo de Compromisso de Cessação (TCC), no âmbito do inquérito administrativo que investiga o "clube das empreiteiras". Em decorrência do TCC, a Camargo Corrêa admite sua participação no eventual conluio que caracterizou o cartel investigado e o CADE concedeu um desconto punitivo em contrapartida do compromisso da empresa em cooperar com as investigações. De acordo com o despacho da presidência do CADE, um dos compromissos assumidos pela Camargo Corrêa para a efetivação do TCC é a reformulação completa do seu programa de *compliance*. Isso parece indicar um reconhecimento de que a política interna, adotada em 2012, nasceu inadequada para os riscos inerentes às atividades deste grupo empresarial.

Com base nas descrições realizadas neste capítulo, o Gráfico 1, a seguir, procura apresentar uma comparação gráfica entre as empresas analisadas. A comparação tem como base as características normativas assinaladas no Capítulo 2, sobre os tipos de regras e de governança que são mais adequados aos diferentes casos corporativos. Esta régua normativa foi então cotejada com os casos examinados. O eixo vertical apresenta as possibilidades de regras, que podem informar o código de condutas: código mais consistente é aquele que apresenta parâmetros concorrenciais concretos e específicos para os riscos a que a companhia está exposta, ao passo que o menos consistente é o que não apresenta parâmetros concorrenciais. O eixo horizontal, por sua vez, é o que apresenta as regras de governança dos programas. A governança mais complexa é aquela que apresenta um órgão interno e especializado, enquanto que a menos complexa é a que não conta com os procedimentos de governança.

Gráfico 1 – Diagrama dos programas de *compliance*
– "clube das empreiteiras"

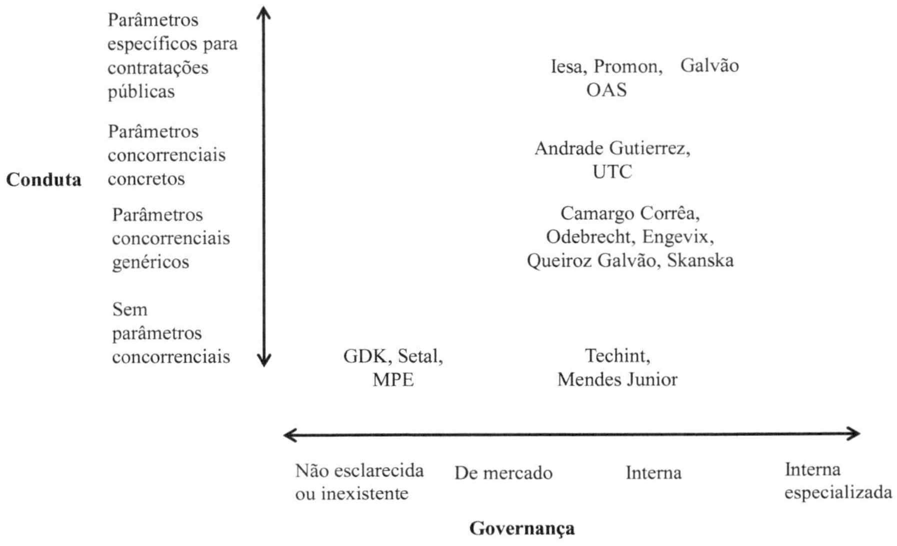

Conduta	Parâmetros específicos para contratações públicas		Iesa, Promon, Galvão OAS	
	Parâmetros concorrenciais concretos		Andrade Gutierrez, UTC	
	Parâmetros concorrenciais genéricos		Camargo Corrêa, Odebrecht, Engevix, Queiroz Galvão, Skanska	
	Sem parâmetros concorrenciais	GDK, Setal, MPE	Techint, Mendes Junior	
		Não esclarecida ou inexistente	De mercado	Interna	Interna especializada
		Governança			

Fonte: Elaboração própria.

A análise comparativa das empresas indica que a maior delas se situa entre parâmetros concorrenciais genéricos e governança interna não especializada. A Galvão Engenharia apresenta programa em patamares mais robustos, alinhando regras específicas para corrupção e uma governança interna que, embora não especializada em concorrência, é organizada para a detecção preventiva de riscos corporativos. O caso menos consistente é o da GDK, que não apresenta parâmetros concorrenciais, tampouco governança interna para o *compliance*. A Setal e a MPE não apresentam informações a respeito.

3.2. O programa de *compliance* da Siemens

A Siemens é uma multinacional alemã, fundada em 1847, e que desenvolve atividades nos mais variados segmentos da economia, com foco em soluções tecnológicas e serviços de engenharia. A empresa tem atuado com destaque nos setores automotivo, químico, urbanístico, de informática, de alimentos e bebidas, de vidros e materiais solares, de saúde e medicamentos, de máquinas para a indústria, da indústria naval, de mineração e cimento, de serviços municipais, de metais, de petróleo e gás, farmacêutico, de papel e celulose, de transporte e logística, de abastecimento de água e equipamentos para produção de energia solar. Trata-se, portanto, de uma organização complexa, tanto pelo número de segmentos em que está presente, como pelo número de países em que realiza seus empreendimentos. Em razão disso, a empresa está exposta ao volume alto de riscos corporativos, incluindo-se nestes os riscos de práticas concorrenciais ilícitas, o que torna o *compliance* uma ferramenta indispensável para a prevenção de problemas.

As primeiras iniciativas da companhia para adotar um código de ética corporativa ocorreram em 1991.[22] Esse era o momento em que a empresa consolidava sua estratégia de se tornar um importante *player* no mercado internacional, a partir da reorganização interna do seu grupo econômico, que passou a contar com 15 subsidiárias, resultantes de um processo de venda de ativos, fusões e aquisições. O objetivo da reestruturação foi o de favorecer uma organização mais flexível e sensível às mudanças no mercado.

Nos dez anos seguintes, o código de condutas foi reformado duas vezes. Primeiro, em 1998, para permitir ajustes pontuais. Em seguida, em 2001, o código foi novamente reformado, para desta vez adequar-se às exigências da agência norte-americana de mercado de capitais, a *Securities and Exchange Commission* (SEC). Naquele ano, a Siemens promovia a listagem de seus papéis na bolsa de Nova York (NYSE) e as autoridades do EUA exigiam a adoção de parâmetros específicos de *compliance* para as companhias abertas (SIEMENS, 2007b).

Nesse período, o ambiente regulatório norte-americano também passava por uma mudança substantiva, que teve impacto sobre as agendas de *compliance*. Como já descrito, em razão dos escândalos corporativos ocorridos no início da década de 2000, foi promulgada a lei Sarbanes-Oxley. A fim de evitar novos problemas como os da Enron, a lei que trouxe novas diretrizes para os programas *compliance*, aplicáveis especificamente às empresas listadas em bolsa e com papéis negociados nos mercados de capitais do país. O principal objetivo dessa regulação era incrementar a transparên-

---

[22] Esta informação é apresentada pelo sistema de comunicação com o público externo, na seção de *press releases* do *website* global da Siemens. Disponível em: <http://www.siemens.com/press/en/pressrelease/index.php>. Acesso em: 9 set. 2015.

cia das companhias abertas nos Estados Unidos, incentivando-as a prestar informações precisas e fidedignas aos seus investidores externos nos relatórios corporativos.[23]

Foi para atender a estes parâmetros mais exigentes de *compliance* corporativo que a Siemens realizou a reforma de seus programas, em 2001. Esta reforma, no entanto, foi preponderantemente orientada para acatar as diretivas regulatórias, tendo como objeto prioritário a relação da empresa com os seus investidores, em temas relacionados a ética empresarial.

Anos depois, em 2006, a empresa empreendeu novos esforços de reforma de seus protocolos de *compliance*. A partir de então, o monitoramento e a reforma dos dispositivos tornaram-se uma atividade contínua, tendo alcançado um patamar de maior estabilidade apenas em 2009. Este movimento de reforma e adaptação permanente de seu *compliance* corporativo esteve associado a inúmeros episódios de corrupção e práticas anticoncorrenciais associados à empresa e que se tornaram públicos a partir de 2006.

Um destes casos, em particular, demarca a mudança de comportamento da Siemens, que passou a perseguir regras e políticas internas orientadas para ampliar o espectro de prevenção contra atividades ilícitas. Trata-se de um caso de sonegação fiscal, investigado pelas autoridades públicas de Munique, na Alemanha. No curso do processo, que resultou em uma

---

[23] Nas suas seções 302, 401, 404 e 409 a *Sarbarnes-Oxley Act* estabelece as diretrizes aplicáveis à prestação de contas das companhias abertas nos Estados Unidos a partir de 2002 mandatórias. A partir dela, ficou estabelecido que os relatórios financeiros periódicos devem obrigatoriamente conter certificações de que: os diretores que assinaram o relatório revisaram-no, o relatório não contém nenhuma declaração falsa, omissão ou negligência, assim como representa a situação presente da empresa naquele momento considerados todos os aspectos materiais relacionados, os departamentos responsáveis pela auditoria interna da empresa realizaram auditoria dentro dos 90 dias que antecederam a publicação do relatório, assim como reportaram o resultado dessa auditoria para o setor responsável, o relatório lista todas as deficiências encontradas pela auditoria interna e possíveis informações sobre fraude envolvendo os colaboradores, houve ou não mudanças no processo de auditoria interna ou outros fatos que possam impactá-la negativamente. É necessário ainda que a empresa reporte nos seus relatórios periódicos todas as possíveis perdas e obrigações e transações realizadas não declaráveis no balanço, insira no seu relatório anual o processo de auditoria interno e contrate auditoria externa para avaliá-lo. Por fim, a empresa deve sempre reportar ao público imediatamente qualquer mudança substancial nas suas condições financeiras ou operacionais, de maneira acessível e didática. A seção 802 estabelece sanções criminais para os administradores que violarem a regulação.

condenação para a companhia, a Siemens atuou como testemunha, cooperando assim com a investigação conduzida pela polícia e pelo Ministério Público (SIEMENS, 2007e). Ao final das investigações, a empresa decidiu assumir publicamente suas responsabilidades corporativas e não recorreu de sua condenação. Os funcionários envolvidos na fraude foram demandados judicialmente em uma ação que procurou reaver os valores que a empresa ofereceu ao fisco alemão como reparação: 168 milhões de euros (SIEMENS, 2009a). Em relação a esse episódio e a decisão de não recorrer da condenação, a Siemens emitiu à época à seguinte declaração:

> Today's decisions are important steps in clarifying and coming to terms with the misconduct which occurred in the past. Siemens accepts full responsibility in this matter. We have no tolerance for illegal conduct, and we respond to violations with clear consequences. We will continue to strengthen *Compliance* as a key element of Siemens´ corporate and leadership culture. (SIEMENS, 2007e).

O episódio da condenação fiscal, associado também a outras acusações de fraude e de condutas ilícitas, impulsionou uma reforma e uma observação contínua de seu programa de *compliance*. Nesse percurso, ainda no ano de 2006, a Siemens implementou a figura do *ombudsman* de *compliance*, isto é, um especialista externo encarregado de receber denúncias e dúvidas dos empregados e do público em geral relativas ao código de conduta da empresa.

Ato contínuo, em 2007, a empresa passou por uma reforma corporativa relevante, que envolveu uma reorganização interna e a mudança de seu corpo diretivo. A diretoria (*Managing Board*) passou por uma mudança organizacional e conta hoje com oito, ao invés de onze diretores, sendo que um destes é um diretor especializado em assuntos jurídicos e *compliance*. O comitê de auditoria interna da Siemens também teve suas atribuições reajustadas, passando a se chamar *Corporate Internal Audit* e incorporar todas as funções de auditoria interna, que antes se encontravam dispersas. Novos executivos com experiência focada em assuntos de governança corporativa nos Estados Unidos e na Inglaterra também foram contratados para a posição de *Chief Compliance Officer* (CCO) e para cargos executivos de auditoria (SIEMENS, 2007f). Essas modificações contaram ainda com a troca do *Chief Executive Officer* (CEO) da empresa, função essa que passou a ser desempenhada por um experiente executivo com carreira consolidada em outras empresas, Peter Löscher. Ao final de 2007, na ocasião em que a empresa completou 160 anos, foi disponibilizada ao público mensagem comemorativa que continha a seguinte declaração:

> In fiscal 2007, serious corruption charges were leveled against Siemens. As a result, major changes were made, among other things, in the company's executive management. Peter Löscher was named President and CEO of Siemens AG [controladora do grupo] in July 2007. He is the first individual from outside of Siemens to assume this position. The most recent portfolio changes at the company – the sale of Siemens VDO Automotive AG to Continental AG and the acquisition of the U.S. diagnostics company Dade Behring by Siemens Medical Solutions – underscore Löscher's commitment to the Fit4 2010 program[24]. The goal is for Siemens to become more transparent, less complex, faster and more efficient. Upon assuming his duties at the beginning of July 2007, Peter Löscher announced his intention to completely restore public confidence in Siemens. The rigorous restructuring measures taken in response to the corruption charges include a comprehensive *compliance* program and the creation of a new Managing Board position for legal and *compliance* matters, effective October 1, 2007. In addition, Siemens has implemented organizational changes in its legal and audit processes. (SIEMENS, 2007b).

Ainda em 2007, muitos eventos relacionados à reforma do programa de *compliance* da empresa vieram à tona. Em razão das diversas atividades ilícitas de que a empresa havia participado nos anos anteriores, sucessivos fatos foram trazidos a conhecimento do público e a empresa empreendeu esforços para sinalizar para autoridades e para a sociedade sua intenção de promover uma mudança de atitude. Na Suíça, em uma investigação de supostas contas ilegais mantidas sob a sua titularidade, a companhia declarou ter cooperado com autoridades (SIEMENS, 2007a), tendo ainda suspenso os funcionários envolvidos, seja pelos resultados da investigação da autoridade suíça, seja também pelos indícios apontados pelo sistema de *compliance*. Da mesma maneira, houve cooperação com a autoridade antitruste da Noruega, em um caso relativo a práticas anticoncorrenciais atribuídas às empresas da associação comercial NorAlarm, do setor anti-

---

[24] *Fit4 2010 Program* é o plano estratégico da Siemens para o período de 2007 a 2010, que engloba reestruturações operacionais e de governança, dentro da qual se enquadra a reforma do programa de *compliance*.

-incêndio, da qual uma subsidiária da Siemens era integrante (SIEMENS, 2007c).

Também em função de alegações de violação da regulação antitruste, a Siemens declarou cooperação com as autoridades da Alemanha, Áustria e União Europeia. Neste caso, tratava-se do alegado cartel dos transformadores, que teria decorrido da colusão da *Siemens's Power Transmission and Distribution Group* (PTD) com a VA Tech EBG Transformatoren GmbH & Co. As investigações internas da própria Siemens, decorrentes de seu programa de *compliance* concorrencial, revelaram seu envolvimento neste cartel, ocorrido na Alemanha entre 2001 e 2003.

A Comissão Europeia para a Concorrência acabou confirmando mais tarde que as práticas concorrenciais se arrastaram pelo menos de 1988 até 2004, na Alemanha, na Áustria e na Holanda. Ao final do processo, a Comissão Europeia terminou por atribuir à Siemens o caráter de testemunha (*witness status*) no cartel dos transformadores. Não obstante a empresa jamais tenha negado sua participação, sua postura colaborativa foi decisiva para as investigações, e a autoridade europeia reconheceu essa circunstância, ao lado da pontualidade dos atos ilícitos praticados, como suficientes para não punir a Siemens nessa ocasião. Os funcionários envolvidos já haviam sido suspensos e foram demitidos e processados pelos prejuízos sofridos pela empresa com o episódio (SIEMENS, 2007d).

Reagindo a estes fatos, a Siemens lançou, em 2008, um programa interno de leniência, para incentivar seus funcionários a delatarem práticas de corrupção. Essa medida visou facilitar a identificação interna de atos ilícitos e mitigar as suas consequências. Aos funcionários delatores foi garantida a não punição interna pela realização de denúncias úteis. O programa de leniência interno durou três meses e recebeu pelo menos 66 denúncias. As denúncias recebidas foram encaminhadas para o escritório de advocacia Debevoise & Plimpton LLP, a quem coube conduzir investigações independentes. O escritório reportou os resultados preliminares das investigações ao *Supervisory Board* da empresa, em meados de 2008, dando assim início a uma investigação interna de casos de fraude e condutas ilícitas. Muitas destas informações são ainda sigilosas, por serem objeto de investigação (SIEMENS, 2008c, 2008a).

Nessa sequência iniciada em 2006, o último caso grave de violação legal no qual a Siemens restou envolvida foram as alegações de suborno de agentes públicos, na Alemanha e nos Estados Unidos, casos estes que se resolveram por acordos com as autoridades investigativas em ambos os países, no final de 2008. Nos Estados Unidos, a multa aplicada foi o equivalente 270 milhões de euros e a multa aplicada na Alemanha atingiu a cifra de 395 milhões de euros. O Departamento de Justiça dos EUA exigiu ainda que a Siemens mantivesse um monitor de *compliance* por ele indicado por conta do acordo, figura que ainda é mantida na atual organização de empresa (SIEMENS, 2008b, 2009c).

A partir de então, a companhia deu início a uma terceira fase de seu programa de *compliance*. As investigações internas, as suspensões e os pedidos de reparação a funcionários que cometeram atos ilícitos continuaram a ser relatados ao público, mas a partir de 2009 seu programa de *compliance* foi estabilizado e passou a ser mundialmente reconhecido, tornando-se uma espécie de *benchmark* na opinião pública para empresas que enfrentam riscos semelhantes.[25] Analisado pelas categorias apresentadas nos tópicos anteriores, o programa da Siemens situa-se em um patamar superior ao das empresas brasileiras avaliadas, destacando-se pela previsão de parâmetros concorrenciais concretos e expressos para a relação com o setor público.

Além disso, apresenta uma governança com alto grau de esclarecimento para o público externo e que é estruturada de modo interno e especializado, sendo habilitada para captar os riscos específicos das atividades do grupo empresarial. Esta configuração é resultado de um longo processo de amadurecimento institucional, do qual fez parte inclusive uma governança de mercado em um período intermediário, no momento de reforma de seu programa, entre 2006 e 2009. Os consultores externos atuaram principalmente para a realização de auditorias e condução do programa interno de leniência. A participação de agentes externos na administração de seu programa é hoje residual, contando apenas com auditorias externas, que são contratadas para auxiliar o controle do sistema interno de

---

[25] Conhecido como Sistema de *Compliance* da Siemens, o programa é facilmente identificável a partir da ferramenta de acesso rápido (*quick access*) do seu *website* mundial. Logo na página inicial, encontra-se vídeo do CEO do grupo gravado em língua inglesa pontuando a importância deste sistema para evitar que as falhas cometidas no passado não se repitam. Além disso, o texto introdutório não faz rodeios e pontua objetivamente que a prioridade do sistema de *compliance* é proporcionar um ambiente de tolerância zero com corrupção e infrações concorrenciais. Disponível em: <http://www.siemens.com/about/sustainability/en/core-topics/*compliance*/system/index.php>. Acesso em: 27 ago. 2015.

compliance. O Gráfico 2, a seguir, ilustra em uma linha do tempo as etapas de maturação deste programa.

Gráfico 2 – Linha do Tempo – Siemens

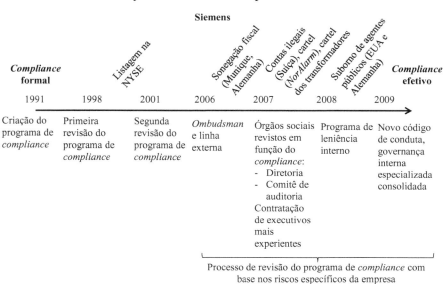

Fonte: Relatórios Siemens. Elaboração própria.

Em termos de abrangência de sua aplicação, o código de condutas atualmente em vigor (SIEMENS, 2009b) vincula todas as subsidiárias da Siemens, sejam elas atuantes no país-sede, sejam as que estão presentes em outros países. Na mensagem para seu público interno, o código procura informar clara e diretamente tanto os executivos como os funcionários quais são os aspectos da atividade empresarial que se mostram mais sensíveis e mais sujeitos levá-los a práticas antiéticas. Entre estes aspectos, figuram a disciplina concorrencial, a regulação anticorrupção, o tratamento a ser dado à realização de doações,[26] as situações que podem ensejar conflito de interesse e o uso de informações privilegiadas e dos ativos da empresa.

---

[26] A Siemens não realiza doações de campanha em nenhum país. As doações realizadas devem passar por processo de auditoria de *compliance* e podem se destinar apenas a fins sociais (caridade, apoio a eventos culturais etc.).

Especificamente no caso dos parâmetros de comportamento concorrencial, o código apresenta uma linguagem concreta e baseada em exemplos, que tendem a favorecer a apreensão por parte de funcionários que não possuem formação jurídica. Este texto também é disponibilizado, no momento da contratação, para todos os agentes com quem a empresa mantém relação comercial.[27] O texto a seguir é uma passagem exemplificativa dos parâmetros regulatórios concretos e específicos, que incorporam os riscos a que a companhia está exposta:

> Here are examples of the types of behavior that can lead to a violation of anti-trust laws. Employees may not: • talk to competitors about prices, output, capacities, sales, bids, profits, profit margins, costs, methods of distribution or any other parameter that determines or influences the Company's competitive behavior with the aim to solicit parallel behavior from the competitor, • enter into an agreement with a competitor not to compete, to restrict dealings with suppliers, to submit bogus offers for bidding or to divide up customers, markets, territories or production programs, • have any influence on the resale prices charged by our purchasers, or attempt to make them restrict the export or import of goods supplied by Siemens. (SIEMENS, 2009b, p. 8).

No que tange à sua governança, o programa estabelecido desde 2009 é aparelhado como um sistema que foi constituído como um complexo organizacional, em que diferentes políticas e etapas são integrados em uma gestão com diversas frentes de atuação. Há três pilares fundamentais que organizam este programa, são eles: (i) a prevenção; (ii) a detecção; e (iii) a reação.

No âmbito da prevenção, o código de condutas apresenta regras claras que põem os altos executivos num papel protagonista para proliferação da cultura de *compliance* entre os subordinados. Logo no início, o código estabelece quatro deveres para os administradores de alto escalão. O primeiro é o dever de bem selecionar (*Duty of selection*), que exige do gestor a realização de um processo de verificação de antecedentes minucioso antes de contratar novos funcionários. Além deste, há o dever de instruir (*Duty to give instructions*), pelo qual o administrador deve ter plena consciência do sistema de *compliance*, para bem orientar seus subordinados quando estes

---

[27] Consta na seção de *compliance* do *website* da Siemens um tutorial para os parceiros de negócios sobre o Sistema (SIEMENS, 2013a).

tiverem dúvidas. Há ainda o dever de monitorar (*Duty of monitoring*), que exige a proatividade do gestor para identificar condutas antiéticas no seu setor. Finalmente, código de conduta prevê o dever de comunicar (*Duty of communication*), pelo qual os administradores devem manter seu setor atualizado sobre mudanças no sistema de *compliance*. A boa condução da política de *compliance* no seu setor é um fator levado em consideração para promoção dos executivos de alto escalão.

Ainda como medida de prevenção, o programa mantém um setor de Análise de Risco de *Compliance* (*Compliance Risk Assessment*) para auditar todas as operações e contratos em negociação. Há alusão também a uma rede interna de treinamento por meio da qual se oferece um curso básico para funcionários ingressantes, um curso específico para executivos e cursos regulares de reciclagem em áreas mais sensíveis a condutas antiéticas, como os setores de vendas, por exemplo. Cursos diferentes são elaborados para os diversos setores das empresas do grupo, a depender do tipo de atividade que os funcionários executam. Anualmente, é organizado o Diálogo Anual de Integridade (*Annual Integrity Dialog*), no qual o sistema de *compliance* é discutido entre os gerentes e os seus subordinados com o objetivo de realização de um balanço de sua execução.[28] Todas as unidades de negócios da Siemens contam com um escritório de *compliance* (*Compliance Officers*) ao qual os funcionários também podem recorrer em caso de dúvida ou denúncia.

No âmbito da detecção, a Siemens conta com múltiplos veículos de realização de denúncias e um foro específico para investigação. Os gerentes, os escritórios de *compliance* e os diretores, nas unidades aplicáveis, devem receber as denúncias e evitar qualquer tipo de retaliação aos denunciantes de boa-fé, inclusive mantendo seu anonimato, se assim for solicitado. Para garantir o anonimato e viabilizar denúncias externas, a empresa apresenta uma linha de comunicação (*Tell Us*) e mantém também um *ombudsman*. As denúncias mais relevantes, após filtros realizados pelos departamentos de apoio, são concentradas e processadas pelo CCO, sendo que seu parecer é automaticamente revisado por diferentes membros da organização de *compliance* do grupo.

---

[28] Todos os eventos e os aperfeiçoamentos empreendidos devem sempre ser comunicados entre todos os empregados via *mailing*.

Este sistema conta também com um programa de monitoramento, a cargo do *Compliance Audit Department*, cuja atribuição é apresentar relatórios periódicos para o setor de auditoria interno da empresa (*Corporate Internal Audit*). Sua atuação é complementada por uma rede de departamentos presente em todo o mundo, cuja finalidade é permitir a conformação de um sistema de detecção global. As investigações de casos mais graves, no entanto, são processadas de forma centralizada, pelo *Chief Compliance Office*.

Por último, no âmbito da reação às violações detectadas, o sistema da Siemens prevê dois tipos principais de ação: a sanção para funcionários que violam seu código e a revisão da própria política. As sanções são definidas e atualizadas por três órgãos: (i) o Comitê Disciplinar Corporativo (*Corporate Disciplinary Committee*);[29] com auxílio do (ii) Departamento de Recursos Humanos (*Corporate Human Resources*) e (iii) do Departamento Jurídico (*Legal Department*). Os casos investigados e as penalidades aplicadas são reportados nos relatórios corporativos da empresa, inclusive no seu relatório anual. Já a revisão das políticas corporativas pode resultar da detecção de uma violação, na hipótese em que seja diagnosticada alguma vulnerabilidade do sistema de *compliance*.

Este é o caso de uma revisão empreendida já em 2010, ou seja, no ano seguinte ao da estabilização do programa, que, como assinalado, ocorreu em 2009. Com a reforma pontual de 2010, foi estabelecida a figura do *Chief Counsel Compliance*, cargo que atua na mesma posição hierárquica que o *Chief Compliance Office* e que passou a lidar com todos os aspectos legais decorrentes da organização do *compliance*. Ambos os cargos respondem diretamente ao membro da diretoria responsável pelos aspectos legais e relativos ao *compliance*, embora o *Chief Counsel Compliance* deva prestar assessoria consultiva ao *Chief Compliance Office* (SIEMENS, 2013b).

A partir desse mesmo ano, a Siemens passou a disponibilizar também um relatório corporativo específico para *compliance*. Aspectos relacionados ao treinamento dos funcionários e as atribuições dos executivos nesse intento são reportados nesses relatórios. Além disso, são informados os números ligados às denúncias e o resultado das investigações efetivamente realizadas. No relatório de 2010, o primeiro a ser disponibilizado, são rememorados didaticamente os objetivos de médio prazo pretendidos pelo pro-

---

[29] O próprio Comitê Disciplinar Corporativo é formado por membros do Departamento de Recursos Humanos e do Departamento Jurídico.

grama de *compliance*. Este esforço procura firmar algo que a literatura de *compliance* aponta como um elemento indispensável para o seu sucesso, ou seja, a criação de um etos corporativo orientado pelo cumprimento das leis e das boas práticas de negócio (ICC, 2013). Assinala o texto do relatório corporativo:

– We want to maximize the effectiveness and efficiency of our proven *compliance* processes and tools. This also includes legally conformant dealings with public officials and related persons, as well as with business partners and suppliers. For that purpose, we have introduced clearly defined regulations and implemented the processes necessary for enforcing them. – *Compliance* is a category of risk management at Siemens. Through *compliance* risk analyses, we want to take even better account of the particular conditions a tour various businesses. – We want to anchor *compliance* more firmly in business activities company-wide. – We want to strengthen the commitment of all our stakeholders to the battle against corruption – in particular, through the Siemens Integrity Initiative and our participation in collective action. (SIEMENS, 2010, p. 68-69).

Além desse complexo sistema de governança, ancorado em etapas sucessivas de prevenção, detecção e reação, a empresa também manteve a figura do monitor de *compliance*. Este órgão corporativo, como mencionado, foi criado por indicação do Departamento de Justiça dos Estados Unidos, em 2008. Compete a este monitor de *compliance* ratificar o processo de implementação do programa ao longo dos relatórios apresentados. Nesse escrutínio interno, foram apresentadas e renovadas as metas de *compliance* de médio prazo, para serem implementadas até 2020. Sobre essas novas metas, assinala o texto:

– Foster integrity: a clear tone from the top, coupled with tangible ownership of *compliance* at all management levels, is essential. We will continue to help our managers meet this responsibility. Our new Company-wide award for integrity and *compliance* will play an important role in this respect. Beyond the boundaries of our organization, we will continue to cooperate with our stakeholders in order to combat corruption and promote fair markets. – Committed to business: our *Compliance* Organization and our businesses must work hand-in-hand to effectively mitigate *compliance* risks. Without compromising our integrity standards, we'll also intensify support for our businesses in order to allow them to seize business opportunities even in challenging environments. – Manage risk & assurance: we want to continue providing our businesses with appropriate level of assurance within out *Compliance* System. We constantly monitor external and internal developments and, where necessary, update the *compliance* safeguards for our Company. – Excellent *compliance* team: we expect our *Compliance* Officers to combine *compliance* expertise with business understanding, and we offer them attractive career paths. That's why we will continue working to develop a first-class learning and development landscape for our *Compliance* Organization. We will also reinforce close collaboration across the Company's global *Compliance* Organization to ensure that we provide the best possible support for our businesses. (SIEMENS, 2015, p. 142-143).

Em 2013, o sistema interno da empresa divulgou a detecção de mais uma conduta ilícita. O caso, desta vez, ocorreu no Brasil. No seu relatório anual de 2013, a Siemens indica ter realizado denúncia ao CADE sobre o "Cartel do Metrô" (SIEMENS, 2014). Em função desse episódio, a Siemens admite ainda no seu relatório anual de 2013 estar com seu direito de participação em licitações públicas no Brasil suspenso em São Paulo e Brasília por decisão judicial de segunda instância. Antes mesmo da denúncia, o CEO brasileiro da empresa havia sido demitido por conta de investigações conduzidas pela organização de *compliance*. Nas palavras da nota reproduzida na imprensa em outubro de 2011:

Internal *compliance* investigation recently revealed that a serious violation of Siemens guidelines occurred within Siemens Brazil prior to 2007. Siemens has no-tolerance policy for *compliance* violations. The company stands for clean business everywhere and at all times. The internal investigations in the case are continuing. (SIEMENS, 2011).

Diante deste caso, que se soma a vários outros ocorridos em anos anteriores, há duas interpretações possíveis sobre o programa de *compliance* da Siemens. A primeira delas é de que se trata de um caso de fracasso. Nesta leitura, tem-se que, a despeito de sua longeva existência, tendo sido iniciado em 1991, e reformado substancialmente em três oportunidades, 2001, 2006 e 2009, a empresa continua se envolvendo em atividades ilícitas, como é o caso do cartel do metrô em São Paulo. Uma outra leitura, menos pessimista, indicaria que o caso Siemens revela uma trajetória de aprendizado institucional, marcado pelo diagnóstico de problemas e pela tentativa de correção dos desvios, tanto das condutas, como dos protocolos de autorregulação. Nesta leitura, o *compliance* dificilmente evitará por completo a ocorrência de atividades ilícitas, mas pode contribuir para mitigar a extensão dos casos e para permitir respostas mais céleres. Se for este o caso, o *compliance* pode favorecer os interesses públicos, atinentes à redução das fraudes, e também o interesse privado dos acionistas, que podem sofrer impactos menores se a atuação corporativa for hábil em colaborar com as autoridades e assim reduzir as penalidades decorrentes de sua conduta.

O caso do metrô de São Paulo parece se situar neste segundo cenário. Foi a empresa que detectou a fraude, materializada na organização de um cartel, e a partir daí empreendeu atitudes colaborativas para o público e para seus acionistas. Primeiro, diante dos indícios de violação, e antes mesmo de ter reunido evidências suficientes para realizar a denúncia, demitiu seu CEO no Brasil. Em seguida, procurou o SBDC e apresentou material capaz de permitir a condenação da própria empresa e dos demais participantes do cartel. Com isso, pôde-se valer dos benefícios da leniência, o que é positivo para seus investidores.

3.3. Visão geral
Voltando aos termos do Capítulo 2, o nível adequado dos programas de *compliance* é o que permite um ajuste entre a complexidade organizacional da empresa, seu nível de exposição a risco e a adoção de regras e governança compatíveis. Com base nessa régua, podem-se avaliar e comparar os programas atualmente oferecidos pelas empreiteiras brasileiras e pela Siemens.

No que tange às empresas brasileiras analisadas, a avaliação da média dos programas é que carecem deste grau de consistência, ao menos no seu aspecto concorrencial. A linguagem dos códigos apresenta-se usualmente de modo genérico ou protocolar. Muitas das empresas que se revelaram mais arrojadas, apresentando um código com maior concretude, mostram-se ainda defasadas na qualidade da orientação corporativa do que se deve e do que não se deve fazer, do ponto de vista concorrencial em licitações públicas. É verdade que há exceções a serem assinaladas. A Andrade Gutierrez e a UTC apresentam um maior detalhamento de condutas admitidas e não admitidas, estipulando pontualmente as condutas consideradas anticoncorrenciais. Da mesma forma, os programas da OAS e da Promon destacam-se pela exemplificação de situações e, assim como o da Iesa, trazem rol de condutas especificamente relacionadas a concorrência em licitações públicas.

No que diz respeito à governança que sustenta estas regras de *compliance*, a expectativa era a de que as empresas investigadas adotassem procedimentos mais sensíveis aos riscos específicos da atividade empresarial. Além disso, elas se ressentem de uma cultura mais proativa por parte dos colaboradores e de um papel protagonista para os executivos na manutenção dos padrões éticos, o que também seria importante. Essa era a expectativa, tendo em vista que se trata de grandes empreiteiras ou relevantes prestadoras de serviços, expostas a riscos de comportamentos ilícitos ponderáveis antecipadamente, e que teriam porte de recursos para adotar um sistema de *compliance* sofisticado. É de se registrar que apenas a Queiroz Galvão prevê a realização de treinamento de *compliance* com os funcionários, mas voltado apenas para a compreensão específica dos aspectos anticorrupção. Como regra geral, as empresas do "clube das empreiteiras" exigem somente que os colaboradores assinem termo de compromisso com as diretrizes do código de conduta.

Nesse sentido, o contraste com a Siemens é bastante evidente. Apesar do episódio brasileiro mais recente, cujos desdobramentos ainda irão se revelar, a organização de *compliance* da Siemens pode ser considerada um caso de aprendizado efetivo, a partir das experiências de violação e de condenação sofridas pela empresa. Até 2006, o que as evidências demonstram é que o programa da Siemens se resumia a um código de condutas baseado em parâmetros genéricos, cuja revisão importante havia ocorrido apenas em função da regulação do mercado de capitais norte-americana. Até este momento, a empresa não contava com uma estrutura de governança específica para apurar problemas internos. A partir desse ano, no entanto, a alta administração da Siemens se deparou com reiterados casos de infração e iniciou esforços para aperfeiçoar seu sistema de *compliance*, o que deu origem a um empreendimento realizado ao longo dos anos. Tal processo de aperfeiçoamento contou com um investimento intenso em procedimentos e pessoas, que resultou em um sistema de múltiplas fases, com diversos órgãos e procedimentos. Fez parte deste movimento a substituição dos administradores de alto escalão, que deram lugar a profissionais mais experientes para lidar com os riscos e as suas necessidades de prevenção.

Comparadas à Siemens, boa parte das empresas do "clube das empreiteiras" parece se situar na fase vivida pela empresa alemã nos idos de 2006, quando as iniciativas de *compliance* eram mais formais do que efetivas.[30] Isso denota que a construção de um programa de *compliance* é um empreendimento que envolve esforço e uma rotina de aprendizado corporativo. Para isso, contribuem a identificação dos atributos que constituem um bom programa de *compliance* e a sua customização para a realidade da empresa. Contribui também a credibilidade da regulação pública, que é um insumo importante para induzir os esforços de aprendizado corporativo.

---

[30] A referência diz respeito ao plano corporativo e ao processo administrativo, pois, no que diz respeito às investigações criminais, as notícias da imprensa mostram que várias delações de indivíduos têm ocorrido. No âmbito do CADE, no entanto, apenas a Setal (beneficiária do acordo de leniência) e a Camargo Corrêa envidaram esforços para realizar acordo até o momento.

Capítulo 4
Parâmetros para uma política pública de incentivo ao *compliance*

Os capítulos anteriores apresentaram uma narrativa em três atos. O primeiro ato procurou situar a agenda acadêmica e de política pública relativa ao *compliance* em um paradigma regulatório cooperativo, estabelecido entre a metarregulação e a autorregulação. De um lado, pertence a este paradigma uma atuação pública que, a despeito da disciplina de comportamentos, também esteja orientada para oferecer padrões que culminem em uma regulação de processos corporativos. De outro lado, verifica-se nessa chave uma ampliação da governança corporativa que ultrapassa os temas atinentes aos interesses de curto prazo dos acionistas. Este padrão de governança corporativa avoca para o ambiente empresarial a responsabilidade por ações públicas, como é caso da efetivação da política de defesa da concorrência.

O segundo ato desta narrativa contou com uma descrição normativa do que pode ser entendido como boas práticas de *compliance*. Organizado em três partes, esse capítulo procurou desmembrar o programa de *compliance* de acordo com três questões: "Para quê?"; "Como?"; e "Por que meios?". Seguindo esse caminho, procurou-se assinalar que a consistência de um programa de *compliance* concorrencial estaria associada à sua capacidade de identificação dos riscos, à compatibilidade de sua governança e de seu código de condutas *vis a vis* estes riscos e à complexidade da companhia. Desta maneira, os programas mais consistentes seriam aqueles em que há correspondência entre os tipos de risco, a estrutura de governança e a orientação das regras (ou ferramentas).

Estabelecidos o mapa conceitual mais abrangente e o referencial normativo mais específico, o trabalho completou o terceiro ato desta narrativa: analisou dois casos. Com base na régua normativa, os casos sugerem padrões diferentes de programas de *compliance*. Enquanto as empresas do "clube das empreiteiras" situam-se em quadrantes menos favoráveis na classificação de suas estruturas de governança e nos tipos de regra interna, a Siemens apresenta-se como portadora de um programa mais robusto.

Em boa medida, o resultado positivamente discrepante apresentado pela Siemens é explicável pela incidência das jurisdições concorrências. Isto é, a consistência do *compliance* da Siemens espelha a qualidade do ambiente institucional e das políticas de concorrência que afetam a empresa. Tendo isso em conta, a parte final deste trabalho procura então avaliar os papéis que a política pública pode desempenhar na promoção de programas e estratégias consistentes de *compliance*. Se o desejável é que as empresas brasileiras desenvolvam regras de governança corporativa mais ajustadas aos propósitos da defesa da concorrência, de que modo as políticas de governo podem incentivar este percurso?

4.1. A política do DOJ e da Comissão Europeia para *compliance* concorrencial

O Departamento de Justiça Concorrencial dos Estados Unidos (DOJ) e a Comissão Europeia para a Concorrência, que são as principais autoridades antitruste no âmbito internacional (Riley; Sokol, 2015), apresentam políticas indiretas de promoção do *compliance*. A forma utilizada para difundi-lo consiste em uma combinação da regulação pública, por meio de um *enforcement* concorrencial rigoroso, com a promoção de medidas paralelas, tais como a concessão de benefícios quase implícitos no curso dos processos condenatórios e o fomento da educação concorrencial. Ambas as autoridades apresentam informações ou guias que procuram esclarecer para os agentes econômicos quais são as condutas consideradas em conformidade com a lei da concorrência e quais são as condutas potencialmente reprováveis.

Com isso, o DOJ e a Comissão Europeia procuram conjugar a ameaça permanente da punição com medidas que facilitem a adoção de mecanismos de prevenção das condutas desviantes. Os órgãos, no entanto, mostram-se refratários a concessão de incentivos diretos para a adoção de programas de *compliance*, rejeitando a possibilidade de, em eventuais processos condenatórios, concederem descontos punitivos para empresas que apresentarem dispositivos de autocontrole. A seguinte passagem de Riley e Sokol resume a posição assumida pelo DOJ e pela Comissão Europeia neste tema:

> The two most important jurisdictions, the United States and the European Commission, do not offer such positive incentives for antitrust *compliance* efforts. Instead, both DOJ Antitrust and DG Competition use a strict liability regime framework for cartel enforcement. The mere fact that a company comes forward to the authorities with evidence of a cartel infringement is prima facie evidence of a "failed" *compliance* programme. This is a strict liability legal theory. Such thinking has been challenged. Adopting a strict liability approach is arguably not socially optimal with regard to entity liability and punishment. It also puts antitrust out of synch with other areas of enforcement. (2015, p. 39-40).

Conforme indica a autoridade norte-americana, o programa de *compliance* deve ajudar as empresas a atender os requisitos exigidos pela legislação concorrencial, mas considerar sua existência em si como um critério para obtenção de benefícios em um eventual processo condenatório seria premiar uma política interna que falhou, incentivando a sua adoção meramente formal como medida para mitigar as futuras sanções. Nos termos do procurador-geral adjunto do DOJ *Antitrust*, Brent Snyder, em um evento dedicado a avaliar o ICC *Compliance Antitrust Toolkit*: "[...] *the most effective way to stop crime is to ensure it never starts*" (SNYDER, 2014, p. 2). Alinhado com a política do órgão, o discurso aponta que o modo de promoção do cumprimento da regra pela autoridade pública é garantir a credibilidade de sua aplicação.

Particularmente em relação a cartel, a postura do DOJ é a de transmitir o máximo rigor na aplicação das sanções, sendo a política adotada pelo órgão estruturada em três pilares fundamentais, são eles: (i) indicar a severidade da punição, que vai de elevadas multas às empresas a penas de detenção para os executivos e funcionários envolvidos; (ii) incutir o receio do potencial participante do cartel em ser capturado, que se funda na efetiva punição dos infratores descobertos; (iii) dar transparência às decisões da autoridade pública no ato de estabelecer os parâmetros definidores da habilitação para o benefício da imunidade e fixá-los nos casos concretos (HAMMOND, 2010).

Para o DOJ, a política de combate a cartéis baseada em penas altas e sanções severas para as empresas justifica-se pela percepção de que nenhum cartel descoberto nos Estados Unidos estaria em curso a partir de iniciativas isoladas de funcionários ou executivos, podendo ser considerados propriamente como atos corporativos.[31] Isto é, o cartel é uma estratégia da companhia e não apenas um malfeito de um funcionário. Por isso, a punição pelas práticas realizadas é o incentivo mais forte para a prevenção de novas condutas ilícitas, daí o ceticismo do DOJ em estabelecer benefícios diretos, na forma de descontos punitivos, para empresas que apresentem programas de *compliance*. O procurador Snyder (2014) assinala de forma incisiva que a existência de um programa de *compliance* quase nunca evita a efetiva acusação de uma empresa pelo ilícito antitruste.

No entanto, a despeito do que possa parecer, a autoridade norte-americana considera-se uma entusiasta do *compliance* concorrencial. Se, por um lado, não promove diretamente os programas corporativos e procura favorecer medidas duras de *enforcement* punitivo, notadamente para cartéis; por outro lado, adota programas educacionais e benefícios indiretos orientados para amplificar o cumprimento da lei. Nessa linha, uma das sanções aplicadas para ilícitos concorrenciais é a exigência de que as empresas condenadas adotem programas de *compliance*.

Além disso, o DOJ pode conceder benefícios residuais para as empresas que apresentam programas críveis em seus processos condenatórios. Em seus processos, o órgão costuma impor inúmeras condições para que uma empresa condenada ultrapasse uma espécie de período de inabilitação (*probation*) e torne-se completamente reabilitada de sua condição de infratora. Entre estas condições, destacam-se as seguintes: realocação interna de funcionários culpados para posições não gerenciais e a implantação à sua custa de um setor interno de fiscalização concorrencial con-

---

[31] Nesse sentido, o então procurador-geral adjunto do DOJ *Antitrust* William J. Kolasky afirmou em 2002 que os cartéis descobertos nos Estados Unidos até então eram recorrentemente formados por grandes empresas e duraram por vários anos até que indícios da sua existência tenham chegado ao conhecimento do DOJ. Isso demonstra que as restrições horizontais ocasionadas pelos cartéis raramente podem ser consideradas atos individuais de executivos e funcionários, consistindo mesmo em caráter permanente da política comercial da empresa infratora. Exemplo citado é o conhecido "cartel da vitamina C", que reuniu grandes farmacêuticas do mundo inteiro, incluindo a F. Hoffmann-La Roche, a Basf e a Aventis, e durou quase uma década até o início da sua investigação pelo DOJ (KOLASKY, 2002).

duzido por monitor indicado pelo próprio DOJ.[32] Se, contudo, a empresa revisa, de inciativa própria, sua política interna de *compliance*, a autoridade antitruste pode não aplicar o período de *probation* ou a exigência de um monitor externo de *compliance*. Esta possibilidade pode reduzir consideravelmente os custos da empresa decorrentes da sua condenação. O DOJ afirma ainda estar avaliando a possibilidade de que uma postura proativa de revisão interna implique a redução da multa aplicada à empresa condenada, o que atualmente não ocorre (SNYDER, 2014).

Na linha de educação para a concorrência, DOJ publiciza os elementos que considera relevantes na avaliação da qualidade de um programa de *compliance*. Estes são organizados em nove itens: (i) estabelecimento de padrões de comportamento claros; (ii) designação de responsabilidade integral para os executivos de alto escalão; (iii) estabelecimento de mecanismos para evitar a delegação de atividades sensíveis a funcionários incidentes em ilícitos concorrenciais; (iv) adoção de medidas razoáveis para que todos os funcionários tomem consciência do programa de *compliance*; (v) indicação de padrões de conduta razoáveis para que a regulação concorrencial seja respeitada; (vi) previsão de sanções para incentivar o cumprimento da política; (vii) estabelecimento de procedimento razoável em caso de infração para investigar, punir e reprimir faltas futuras; (viii) atribuição ao alto escalão da empresa de um papel protagonista na promoção dos padrões éticos de comportamento do ponto de vista concorrencial; e (ix) previsão de estratégias de revisão interna do programa a partir da detecção de falhas e de sugestões. Pode-se entender assim que o DOJ considera o *compliance* uma cultura corporativa antes de ser uma política a ser implementada diretamente pelo governo.

A política de repressão a práticas antitruste da Comissão Europeia é inspirada no modelo dos Estados Unidos. A autoridade europeia também aposta no *enforcement* antitruste e nos benefícios indiretos como os principais indutores de um programa de *compliance*. Assim como nos EUA, a mera existência de um programa de *compliance* não é uma condição objetiva para que uma empresa obtenha descontos punitivos em processos condenatórios. Ainda assim, a Comissão Europeia considera-se uma promotora do

---

[32] A exigência de manutenção de um monitor externo de *compliance* é uma medida nova de reabilitação das empresas infratoras e só havia sido aplicada pelo DOJ uma vez até setembro de 2014 (SNYDER, 2014).

compliance interno, mantendo inclusive uma seção específica na sua página na internet sobre a temática, na qual discursos oficiais e um manual sobre a importância do *compliance* podem ser encontrados.

Em consonância com os fundamentos apontados pelo DOJ *Antitrust*, o vice-presidente da Comissão Europeia para a Concorrência, Joaquín Almunia, pontuou em discursos oficiais de 2010 e 2011 o caráter preventivo das políticas de *compliance* (Almunia, 2010, 2011). Assim como nos Estados Unidos, os focos de atuação do órgão concorrencial são a punição de condutas ilícitas e a promoção indireta da prevenção corporativa.

O histórico de condenações de empresas por formação de cartel na União Europeia inclui grandes companhias dos mais variados setores da economia. Em 2010, por exemplo, a Air France e a BA, do setor aéreo, foram condenadas por ilícitos antitruste, assim como a Samsung e a Toshiba no setor de eletrônicos. Nas palavras do vice-presidente em discurso proferido ao público em 2011:

> We have done a lot to improve and speed up our investigations; however, are we doing enough to help companies comply with the rules? I'm putting this issue on the table because I don't enjoy imposing fines per se. Instead, I would like to promote a culture of *compliance* in the business community that minimises the need for sanctions. I commend the many companies throughout the EU that have set up *compliance* programmes. And I invite the business people who wish to follow their example to make good use of the advocacy work we are developing to this end.
>
> We are trying to support the adoption of *compliance* programs through different channels: • We disseminate comprehensive information on EU competition rules and their implementation through the web and other means. • We are also in constant dialogue with business people and other stakeholders to refine our guidelines, notes, and other information material. • And we never pass up an opportunity – such as your conference today – to encourage companies to build their own *compliance* and training programmes. But I should immediately add one point here. A successful *compliance* programme brings its own reward. The main reward for a successful *compliance* programme is not getting involved in unlawful behaviour. Instead, a company involved in a cartel should not expect a reward from us for setting up a *compliance* programme, because that would be a failed programme by definition. (Almunia, 2011, p. 3).

No seu manual sobre a importância do *compliance*, a Comissão Europeia é mais minuciosa que o DOJ ao orientar as empresas na elaboração das suas políticas internas, embora fique clara a rejeição de um modelo universal (*one size fits all*) por conta das idiossincrasias presentes nos diferentes setores da economia. O manual inicia pontuando para que serve o *compliance*, indicando que a sua adoção pode ser vantajosa para as empresas, em particular, por três razões principais: (i) permitir às empresas alertar a União Europeia sobre concorrentes que estejam promovendo práticas antitruste; (ii) detectar uma infração interna cedo e vir a realizar a primeira delação; assim como (iii) beneficiar-se da reparação de dano que um eventual concorrente desleal tenha lhe causado (EUROPEAN COMISSION, 2012).

Quanto aos parâmetros de conduta para que a regulação antitruste da União Europeia seja respeitada, são estabelecidos quatro pilares básicos: (i) não fixar preços de venda ou compra ou outras condições de comércio com concorrentes; (ii) não limitar a produção, os mercados, o desenvolvimento técnico ou os investimentos da empresa; (iii) não compartilhar mercados ou fontes de fornecimento; e (iv) não trocar com concorrentes informações sobre preços futuros, volume de produção ou outros dados estratégicos.[33] Considerando as especificidades do mercado em que atua, a empresa deve ainda identificar os riscos particulares do seu setor em incentivar práticas anticoncorrenciais e traçar uma estratégia clara a partir de tais particularidades.

Nos termos do guia da Comissão Europeia, o comprometimento com os padrões éticos de conduta deve partir do alto escalão da empresa (EUROPEAN COMISSION, 2012). Os executivos devem assumir a função de disseminar a cultura concorrencial entre os demais funcionários. *Workshops* sobre *compliance* e a realização de avaliações internas com os empregados também são sugeridos, assinalando ainda que os ocupantes de cargos gerenciais não devem se furtar à participação em tais atividades. O guia pontua ainda que, no que tange à governança do *compliance*, os mecanismos internos de recebimento de denúncia e investigação devem ser claramente estabelecidos. Processos de revisão interna para ocasiões de falha ou sugestão de aprimoramento e auditorias externas também são recomendados.

---

[33] "*DON'T fix purchase or selling prices or other trading conditions; DON'T limit production, markets, technical development or investment; DON'T share markets or sources of supply; DON'T exchange individualised information on intended future prices or quantities or other strategic information*" (EUROPEAN COMISSION, 2012, p. 14).

Em relação a conceder benefícios diretos, na forma de descontos punitivos para empresas que apresentem programas de *compliance*, como forma de incentivar a sua difusão, a autoridade europeia apresenta-se ainda mais inflexível do que a norte-americana. Ao contrário do DOJ, que afirmou estar em fase de avaliação da conveniência de considerar a política de *compliance* um fator de redução das multas, a Comissão Europeia é taxativa ao rejeitar tal possibilidade:

> Although all *compliance* efforts are welcomed, the mere existence of a *compliance* programme is not enough to counter the finding of an infringement of competition rules – companies and their employees must, in fact, comply. If a company which has put a *compliance* programme in place is nevertheless found to have committed an infringement of EU competition rules, the question of whether there is any positive impact on the level of fines frequently arises. The answer is: No. (EUROPEAN COMISSION, 2012, p. 21).

Como um balanço dos programas, pode-se dizer que as duas principais autoridades concorrenciais do mundo são entusiastas do *compliance*. Entretanto, tanto o DOJ, como a Comissão Europeia têm se mostrado céticos com a possibilidade de oferecer incentivos diretos, como descontos punitivos, para a promoção de tais medidas.

Nos termos empregados no Capítulo 1, a aposta dos órgãos parece ser a de uma relação de cooperação entre a regulação concorrencial e os dispositivos da meta e da autorregulação, procurando assim evitar os riscos de uma relação de predação entre estes. Isto é, embora as autoridades identifiquem no *compliance* um aliado potencial para mitigar as condutas anticompetitivas e atuem de modo a incentivar a sua profusão, inclusive apresentando guias e parâmetros claros para fomentar a educação concorrencial, evitam substituir o *enforcement* pela autorregulação privada. Isso fica evidente quando ambas as jurisdições rejeitam a possibilidade de premiar empresas pelo simples fato de contarem com programas internos de prevenção. A premissa desta rejeição é evitar a emissão de um contraincentivo, ou seja, a promoção da autorregulação em detrimento do cumprimento da lei.

4.2. O Guia do CADE e os parâmetros para uma política pública de incentivo ao *compliance*

O CADE tem procurado fomentar a difusão do *compliance* entre os agentes econômicos, valendo-se para isso de um conjunto de estratégias que compreende o *enforcement* da Lei de Defesa da Concorrência, a promoção da educação concorrencial e a determinação, no âmbito de seus processos administrativos, para que empresas adotem programas de automonitoramento e prevenção de falhas concorrenciais.[34] Além disso, em 2015, a autarquia deu um passo adicional e apresentou uma proposta de guia de boas práticas, cujo propósito é balizar a confecção de programas corporativos de *compliance* concorrencial. Antes de seu lançamento oficial a autoridade submeteu o guia ao debate público, a fim de colher a posição dos interessados e assim alinhar o documento com as condições apresentadas pelo ambiente de negócios.

A análise da proposta de guia do CADE sugere que a autoridade concorrencial pretende fomentar um modelo de autorregulação privada que seja complementar com a regulação pública. Os objetivos do documento apontam para a intenção de que o *compliance* não seja uma ferramenta que venha a substituir a disciplina pública da concorrência. Ao contrário disso, a minuta veiculada procura ser bastante clara em assinalar que os mecanismos atinentes à governança corporativa têm como pressuposto a aplicação da regra concorrencial pelo SBDC. Em outros termos, a proposta de promover o *compliance* está assentada na certeza do *enforcement* antitruste pelo CADE. O texto de introdução da minuta é bastante expresso nesse sentido, ao sinalizar que o primeiro incentivo para a adoção de condutas em conformidade com a legislação é a aplicação da Lei de Defesa da Concorrência. Descreve o texto:

---

[34] Exemplo disso é o TCC celebrado com a Camargo Corrêa, no âmbito do processo que investiga o cartel nas licitações da Petrobras. O CADE determinou à empresa que estabelecesse um novo programa corporativo – vide páginas 56-57 supra. Além disso, Grandino Rodas aponta outros casos em que o CADE adotou providência semelhante: Previsão de negociar programa de *compliance*: Ato de Concentração 0877.009924/2013-19, requerido por Innova S. A. e Videolar S. A.
Obrigação de adotar programa de *compliance* para incentivar regras internas de prevenção de infrações concorrenciais: Processos Administrativos 08012.002493/2005-16, requerido pela JBS S.A.; e 08012.011142/2006-79, por Lafarge Brasil S. A. Aprovação de termo de compromisso de desempenho sob condição de instituição de programa de *complian*ce: Ato de Concentração 08012.002148/2008-17, Campo Limpo. (RODAS, 2015).

Antes de entrar em maiores detalhes a respeito do que seja o programa de *compliance*, quais seus benefícios específicos e sua forma de estruturação, é importante ressaltar o motivo pelo qual as empresas, sejam elas grandes, médias ou pequenas, devem se preocupar em cumprir a LDC. Há duas respostas para essa questão, uma primeira relacionada à punibilidade advinda do não cumprimento, e uma segunda que diz respeito aos benefícios que a observância da lei traz tanto para a sociedade quanto para as próprias companhias. Como explicitam os artigos 37 e 38 da LDC, as sanções a que se sujeitam os agentes privados por tais infrações são bastante graves. Além disso, empresas podem sofrer processos na esfera cível, e as pessoas físicas, na esfera criminal. Dessa forma, e por meio da atuação crescente do Cade, que vem multiplicando suas investigações e realizando um número cada vez maior de julgamentos de processos administrativos, busca-se minorar os incentivos para que as companhias se engajem em infrações. (CADE, 2015, p. 9).

A orientação apresentada pelo documento está, portanto, alinhada com as direções das políticas do DOJ e da Comissão Europeia, ao assumir o *enforcement* concorrencial pela autoridade pública como o primeiro e principal incentivo para a disseminação do *compliance*. O capítulo anterior procurou salientar que para ambas as autoridades o incentivo mais poderoso para que empresas desenvolvam programas de monitoramento e cumprimento da regra é a credibilidade da regulação pública.

Este entendimento encontra respaldo nos casos analisados neste trabalho, tanto o do "clube das empreiteiras", como o da Siemens. Uma variável decisiva associada à diferença qualitativa existente entre os programas de *compliance* destas empresas é a ameaça real desempenhada pelas jurisdições concorrenciais. Essa é uma questão bastante evidente na trajetória da Siemens, cujo programa de *compliance* foi reformado em razão das condenações sofridas pela empresa no correr da primeira década de 2000. No caso dos programas das empreiteiras brasileiras, é de se notar que boa parte deles apresenta inconsistências e são também recentes, tendo sido constituídos nos últimos anos, refletindo possivelmente o aumento da intensidade das punições do CADE.

Este aumento punitivo é um resultado da trajetória do SBDC nas últimas décadas, que contou com movimentos institucionais e escolhas políticas que amplificaram a capacidade de *enforcement* da legislação antitruste, gerando assim impacto sobre as condutas empresariais. Nesse passo, depois da consolidação do CADE, da Secretaria de Direito Econômico (SDE), e da Secretaria de Acompanhamento Econômico (SEAE) como autoridades concorrenciais, no período transcorrido a partir de 1994, uma ação importante para aumentar a capacidade estatal de aplicação da lei foi a introdução do acordo de leniência no ordenamento concorrencial. Isso ocorreu por meio da Lei nº 10.149/2000, que autorizou o SBDC a negociar com pessoas físicas e jurídicas a delação de práticas ilícitas em troca de benefícios punitivos.

Em seguida, em 2006, as autoridades concorrenciais procuraram racionalizar o uso de seus recursos para assim aumentar a capacidade de investigação e de punição das condutas mais lesivas, como é o caso dos cartéis. Para isso, foram reorganizadas as competências da SEAE, do Ministério da Fazenda, e da SDE, do Ministério da Justiça. Deste modo, os atos de concentração passaram a ser analisados pela SEAE, cabendo à SDE as investigações de condutas anticompetitivas.[35]

Em 2008, completando este movimento, foi definido o dia de combate ao cartel, uma data que o SBDC procura utilizar para promover a educação concorrencial. O dia estabelecido é o 8 de outubro, data que marca a assinatura da primeira leniência celebrada pelo CADE, ocorrida em 2003.

A estas medidas iniciais estabelecidas ainda sob a vigência da Lei nº 8.884/94, somaram-se as possibilidades institucionais trazidas pela reformulação do SBDC, introduzida pela Lei nº 12.529/11. Para além do acordo de leniência, que segue previsto na lei, o novo marco regulador do direito antitruste trouxe também a possibilidade de realização de diligências conjuntas com a Polícia Federal e o Ministério Público Federal, o que pode permitir uma ampliação das possibilidades investigativas, notadamente, das interceptações telefônicas, que são provas relevantes para condutas de difícil apuração, como o cartel. Todos estes dispositivos estão ainda associados por uma reorganização substantiva do SBDC, que favorece os ganhos de produtividade no processamento e julgamento dos casos sob sua jurisdição.

A conjugação de todos estes elementos aponta para um sistema de defesa da concorrência com capacidade de ação. É isso o que indicam os dados do CADE, ilustrados no Quadro 8, sobre o número de julgamentos ocorridos na autarquia. Os números apontam para um volume expressivo de casos julgados e de condenações.

---

[35] Sobre isso ver, Schapiro e Bacchi (2013, p. 88).

Quadro 8 – Processos Julgados pelo CADE
– Condutas Diversas (2012-2015)

Total de Processos de Condutas	135
Arquivamentos	51
Condenações	84
Cartéis arquivados	18
Cartéis condenados	32

Fonte: CADE. Elaboração própria.

Nessa trajetória, a definição de um guia para o *compliance* corporativo pode representar um passo adicional no sentido de amplificar a "taxa de conformidade" das condutas empresariais em relação à lei. Baseado na literatura e nas experiências internacionais, dois elementos parecem ser relevantes para que esta política seja bem-sucedida: (i) o reconhecimento da diversidade de possibilidades e (ii) a promoção da cooperação e a compreensão dos riscos de uma predação regulatória.

O primeiro destes pontos refere-se à variedade de alternativas institucionais à disposição das empresas para que adotem mecanismos de prevenção. Diante do fato de que as estratégias competitivas são diferentes e os setores econômicos apresentam dinâmicas competitivas específicas, há múltiplas possibilidades de se desenvolver mecanismos de autorregulação. Os programas, evidentemente, precisam ser consistentes e para isso precisam apresentar correspondência entre o tipo de risco concorrencial a que a empresa está exposta e o conjunto de ferramentas e mecanismos de governança formulados para mitigá-los.

Nessa linha, a proposta de guia apresentada pelo CADE, em sintonia com os documentos mais relevantes sobre o tema, assinala que o programa deve ser formulado com base nas características da empresa, mas assinala alguns traços comuns que costumam estar presentes nas melhores práticas corporativas. O primeiro destes elementos é o envolvimento da alta direção da companhia, o que favorece a incorporação real do programa nas rotinas organizacionais. O guia da Comissão Europeia, como salientado, apresenta disposição semelhante. Além disso, a proposta do CADE também sublinha que os programas precisam ter recursos adequados, sendo compatíveis com o tipo de risco empresarial, e devem contar com uma governança de suas ações, o que inclui a estipulação de agentes encarregados pela sua administração, pelo treinamento dos funcionários, pelo monitoramento e revisão do programa.

Seguindo o referencial utilizado neste trabalho, assim como as conclusões extraídas dos estudos de caso, reconhece-se como uma virtude da proposta do CADE a concepção de que o *compliance* é um programa idiossincrático e dinâmico e não uma política padronizada e formal. A literatura de instituições utilizada no Capítulo 2 deste trabalho procurou justamente indicar que os recursos a serem empregados devem ser ponderados em função da complexidade organizacional e dos tipos de transação realizados – daí seu caráter idiossincrático. Os estudos de caso, por sua vez, procuraram indicar que a diferença entre a Siemens e boa parte do "clube das empreiteiras" reside na trajetória de experimentação e de aprendizado por que passou a multinacional alemã.

Assim como ocorre com as políticas públicas, o êxito da governança corporativa também depende dos incentivos para a detecção de falhas e para a revisão de protocolos.[36] Ao sugerir que os programas incluam medidas de monitoramento e de revisão, a proposta do CADE pode favorecer a instituição de programas de *compliance* "vivos", que, a julgar pelo caso Siemens, é uma condição necessária para a obtenção de melhores resultados.

O segundo ponto relevante para uma política pública de promoção do *compliance* concorrencial é a promoção da cooperação e a compreensão dos riscos de uma predação regulatória. Como assinalado, a promoção do *compliance*, se adequada, configura uma relação de cooperação, instituindo um círculo virtuoso: os agentes econômicos passam a desempenhar condutas em conformidade com a lei e com isso aumentam o *enforcement* regulatório; o *enforcement* regulatório, por sua vez, estimula a adoção de mais condutas em sintonia com a legislação. No entanto, se houver erros de calibragem na adoção dos estímulos, o cenário de cooperação regulatória pode se desfazer e dar margem a um panorama de predação regulatória. Neste caso, ao invés de se estabelecer um círculo virtuoso entre a regulação e a autorregulação, dá-se o inverso: incentivos descalibrados favorecem mecanismos de governança corporativa, mas em prejuízo do *enforcement* regulatório.

Este é um risco que pode resultar da concessão de benefícios diretos, na forma de descontos punitivos para empresas que detêm programas de

---

[36] Sobre isso, ver Sabel e Zeitlin (2012).

compliance. Em razão da dificuldade de avaliar a consistência de um programa que falhou, dado que houve a prática do ilícito, reduções exageradas de pena podem significar um contraincentivo, fomentando programas de fachada – só desenhados para colher benefícios regulatórios. A minuta de guia apresentada pelo CADE é sensível a este risco, tanto assim que pontua expressamente a relevância do *enforcement* e assinala o que entende ser programas de fachada.

No entanto, a minuta admite a possibilidade de haver benefícios punitivos para empresas que apresentem programas robustos de *compliance*. Este benefício pode ser concedido como uma manifestação de boa-fé, que é um dos elementos considerados na dosimetria da pena, nos termos do art. 45, da Lei nº 12.529/11. A seguinte passagem do documento resume a proposta do CADE (2015, p. 41):

> Apesar de, como visto, um programa de *compliance* não ser suficiente para afastar a possibilidade de imposição de penalidades pelo Cade, em algumas situações ele pode impactar favoravelmente a determinação dessas penalidades, afastando, por exemplo, certas proibições ou até mesmo reduzindo o valor da multa aplicável. Isso porque, ao aplicar as penalidades previstas na LDC, o Tribunal do Cade deve levar em consideração, segundo o art. 45, fatores como a boa-fé do infrator; o grau de lesão à livre concorrência, à economia nacional, aos consumidores ou a terceiros; os efeitos econômicos negativos produzidos no mercado; e a reincidência. A adoção de um programa de *compliance* robusto, com medidas de controle de danos, que atenda aos requisitos expostos na seção 3.2 acima, pode ser considerada evidência da boa-fé da empresa infratora e da redução dos efeitos econômicos negativos da prática ilícita no mercado. Por conta disso, é perfeitamente possível que o Tribunal enquadre o programa de *compliance* como uma evidência de boa-fé e o configure como uma atenuante no cálculo da multa, reduzindo-a. Ademais, programas com essas características tendem a reduzir o risco de reincidência – que faz com que a multa aplicável seja dobrada pelo Cade (2015, p. 41).

A inclusão deste benefício não é em si um problema, mas a sua administração requer cuidado. Por estar incluído no âmbito da boa-fé, pode-se entender este desconto punitivo como a explicitação de uma interpretação desta cláusula, que no mais das vezes é ambígua e polissêmica. Limitado a esta possibilidade, tal como pontua a minuta de guia, o desconto pode ser manejado para incentivar empresas que tiveram falhas concorrenciais a manter boas práticas. Contudo, se o *law in action*, isto é, a atuação efetiva, deste dispositivo for manejado de forma não cuidadosa, sua previsão pode significar um efeito contraproducente não só com os propósitos do guia, como também com a trajetória de credibilidade regulatória firmada até então.

É verdade que os países apresentam variações institucionais, o que aliás explica inúmeros fracassos de transplantes institucionais, e sugere que a definição de políticas deve atentar para as particularidades locais. No caso brasileiro, há desafios de *enforcement* e muitos deles são representados pela atuação judicial, que costuma ser excessivamente lenta e muitas vezes presa a raciocínios formalistas que são incompatíveis com áreas de interface direta com primados econômicos, como é o caso da defesa da concorrência. Esses fatores impõem uma ponderação ao se comparar o caso brasileiro com o norte-americano ou o europeu. Naqueles ambientes, a autoridade concorrencial pode assumir quase como um dado a aplicação tempestiva das regras e das sanções e por isso não precisa desenvolver estratégias alternativas de promoção do *compliance*. A situação do SBDC é um pouco diferente. O sucesso de sua jurisdição tem contado com a utilização de expedientes que evitem o custo judiciário. É o caso dos acordos, como os TCCs e o compromisso desempenho, cujo incremento apresenta uma aparente correlação com a diminuição das taxas de judicialização.

O *compliance* pode seguir o mesmo caminho. Neste caso, no entanto, dado o risco dos contraincentivos e a posição marcada pelas principais jurisdições internacionais em não conceder descontos punitivos, o êxito da proposta vai depender de uma gestão cuidadosa e de um monitoramento permanente de seus resultados. Assim como ocorre nas políticas de metarregulação mencionadas no Capítulo 1 deste trabalho, é indispensável que o CADE estabeleça um protocolo de monitoramento de seu programa de *compliance*, elegendo para isso parâmetros (*benchmarks*) e rotinas de avaliação e de revisão de suas orientações sobre os custos e os benefícios dos incentivos estipulados.

CONCLUSÕES

Este trabalho procurou apresentar o *compliance* concorrencial como uma alternativa regulatória capaz de ampliar a "taxa de cumprimento" da lei antitruste no Brasil. Para isso, procurou-se primeiro situar o *compliance* no debate sobre regulação econômica, apresentando-o como um dispositivo convergente com uma agenda regulatória que se justapõe aos mecanismos clássicos de comando e controle. Nesta chave, o *compliance* representa a inclusão de temas concorrenciais no ambiente das regras de governança corporativa, que passam assim a tratar de temas adicionais àqueles referentes aos conflitos de agência entre acionistas e administradores.

O sucesso do *compliance*, por sua vez, depende de dois atributos. O primeiro deles é a formação de um arranjo regulatório cooperativo e não predatório. Isto é, nas experiências bem-sucedidas, a relação entre a disciplina pública da concorrência e a autorregulação privada é de mútuo reforço: o *compliance* concorrencial é tanto mais efetivo, quanto mais crível for o *enforcement* regulatório e este, por sua vez, é tanto mais eficaz, quanto mais empresas internalizarem a cultura competitiva. Em um arranjo predatório dá-se o inverso: a autorregulação é estabelecida em detrimento da regulação pública e o resultado é uma potencial redução do *enforcement* concorrencial.

O segundo elemento de que depende um programa bem-sucedido é a sua consistência interna. A identificação dos riscos, os objetivos, a governança e as ferramentas precisam estar alinhados para que o programa de prevenção seja efetivo. A literatura de custos de transação e os guias de boas práticas de *compliance* concorrencial são insumos importantes que podem orientar a definição de programas de qualidade.

Com base neste referencial normativo, foram realizados estudos de caso para assim avaliar as condições do *compliance* com mais realidade. A comparação sugere que, em relação a sua consistência interna, o programa da Siemens é mais maduro que os programas das empresas brasileiras analisadas. Essa diferença dos mecanismos de autorregulação tem correspondência no ambiente regulatório: o programa da multinacional alemã é resultado de um processo longo de sucessivas punições, que levaram a diversas reformas, resultando assim em um programa mais robusto.

As diferenças destes casos também encontram paralelo nas políticas concorrenciais adotadas pelas principais jurisdições internacionais. Para o DOJ e para a Comissão Europeia, o principal incentivo para o cumprimento da regra é o *enforcement* punitivo, sobretudo para condutas dadas a pouca controvérsia como é o cartel. Os demais benefícios administrados são indiretos, associados à promoção da cultura concorrencial, como é o caso de guias e recomendações públicas.

O SBDC, seguindo uma trajetória de consolidação paulatina das práticas competitivas, orienta-se agora para mais um passo nesta direção, ao formular uma política de *compliance*. A proposta apresentada é consistente e está alinhada com as diretrizes internacionais. Como, no entanto, os detalhes guardam os maiores perigos, o sucesso da empreitada vai depender da capacidade das autoridades em promover uma autêntica cooperação regulatória, afastando assim os riscos de uma predação de sua trajetória de afirmação da lei de defesa da concorrência no Brasil.

BIBLIOGRAFIA

ALMUNIA, Joaquín. *Compliance and competition policy*, 25 Oct. 2010. Speech 10/586. European Commission responsible for Competition Policy. Disponível em: <http://europa.eu/rapid/press-release_SPEECH-10-586_en.htm>. Acesso em: 22 fev. 2018.

_____. *Cartels:* the priority in competition enforcement, 14 Apr. 2011. Speech 11/268. European Commission responsible for Competition Policy. Disponível em: <http://europa.eu/rapid/press-release_SPEECH-11-268_en.htm?locale=en>. Acesso em: 22 fev. 2018.

ANDRADE GUTIERREZ. *Código de ética e conduta*. [20-?]. Disponível em: <http://www.andradegutierrez.com/CodigodeEtica/codigo_de_etica_ag_DIGITAL.pdf>. Acesso em: 22 fev. 2018.

ARBIX, Glauco; MARTIN, Scott. Beyond developmentalism and market fundamentalism in Brazil: inclusionary state activism without statism. In: WORKSHOP ON STATES, DEVELOPMENT, AND GLOBAL GOVERNANCE. *Global Legal Studies Center and the Center for World Affairs and the Global Economy (WAGE) University of Wisconsin-Madison*. March 12-13, 2010.

AYRES, Ian; BRAITHWAITE, John. *Responsive regulation:* transcending the deregulation debate. Oxford: Oxford University Press, 1992.

BEBCHUK, Lucian A.; ROE, Mark J. A theory of path dependence in corporate ownership and governance. In: GORDON, Jeffrey N.; ROE Mark J. *Convergence and persistence in corporate governance*. Cambridge: Cambridge University Press, 2004.

BERLE, Adolf A.; MEANS, Gardiner. *The modern corporation and private property*. New York: Macmillan, 1932.

CADE. CONSELHO ADMINISTRATIVO DE DEFESA ECONÔMICA. *Guia Programas de Compliance* – orientações sobre estruturação e benefícios da adoção dos programas de *compliance* concorrencial. Versão preliminar. Brasília, 2015. Disponível em: <http://www.cade.gov.br/noticias/cade-apresenta-proposta-de-guia-sobre-programas-de-compliance-concorrencial/guia-compliance-versao-preliminar.pdf>. Acesso em: 22 fev. 2018.

CALVERAS, Aleix; GANUZA, Juan-José; LLOBET, Gerard. Regulation, corporate social responsibility and activism. *Journal of Economics & Management Strategy*, v. 16, n. 3, p. 719-740, Fall 2007.

COGLIANESE, Cary; MENDELSON, Evan. Meta-regulation and self-regulation. In: BALDWIN, Robert; CAVE, Martin; LODGE, Martin. *The Oxford Handbook of Regulation*. Oxford: Oxford University Press, 2012.

EUROPEAN COMISSION. *Compliance matters*. What companies can do better to respect EU competition rules. Luxembourg: Publications Office of the European Union, 2012. Disponível em: <https://publications.europa.eu/s/fO1w>. Acesso em: 22 fev. 2018.

FERREIRA, Flávio. Auditoria interna da Petrobras vê cartel e descontrole em refinaria. *Folha de S. Paulo*, São Paulo, 15 dez. 2014. Disponível em: <http://www1.folha.uol.com.br/poder/2014/12/1562459--auditoria-interna-na-petrobras-ve--cartel-e-descontrole-em-refinaria.shtml>. Acesso em: 22 fev. 2018.

GABAN, Eduardo. O impasse concorrencial do rio Madeira. *Valor Econômico*, São Paulo, 12 dez. 2007.

HAMMOND, Scott D. *The evolution of criminal antitrust enforcement over the last two decades*. In: THE 24TH ANNUAL NATIONAL INSTITUTE ON WHITE COLLAR CRIME. Department of Justice. Miami, 2010. Disponível em: <https://www.justice.gov/atr/file/518241/download>. Acesso em: 22 fev. 2018.

HANSMANN, Henry; KRAAKMAN, Reinier R. Agency problems and legal strategies. In: KRAAKMAN, Reinier R. et al. *The anatomy of corporate law*. New York: Oxford University Press, 2004a.

_____. The end of history for corporate law. In: GORDON, Jeffrey N.; ROE, Mark J. *Convergence and persistence in corporate governance*. Cambridge: Cambridge University Press, 2004b.

ICC. INTERNATIONAL CHAMBER OF COMMERCE. *The ICC Antitrust Compliance Toolkit* – practical antitrust *compliance* tools for SMEs and larger companies, 2013. Disponível em: <http://www.iccwbo.org/advocacy-codes-and-rules/areas-of-work/competition/icc-antitrust-compliance--toolkit/>. Acesso em: 22 fev. 2018.

IESA ÓLEO & GÁS S.A. *Código de conduta anticorrupção*. [201-]. Disponível em: <http://www.iesa.com.br/compliance/codconduta.pdf>. Acesso em: 22 fev. 2018.

JENSEN, Michael C; MECKLING, William H. Theory of the firm: managerial behavior, agency costs and ownership structure. *Journal of Financial Economics*, Rochester, v. 3, n. 4, p. 305-360, 1976.

JESSOP, Bob. *The future of capitalist state*. Cambridge: Polity Press, 2005.

KAPLOW, Louis; SHAVELL, Steven. Optimal Law Enforcement with Self-Reporting of Behavior. *Journal of Political Economy*, v. 102, n. 3, p. 583-606, 1994.

KOLASKY, William J. *Antitrust compliance programs:* the government perspective. *Justice News*, The United States Department of Justice, 2002. Disponível em: <http://www.justice.gov/atr/speech/antitrust-compliance-programs-government-perspective>. Acesso em: 22 fev. 2018.

LOBEL, Orly. The renew deal: the fall of regulation and the rise of governance in contemporary legal thought. *Minnesota Law Review*, v. 89, n. 2, p. 342-470, 2004.

MACEDO, Fausto; BRANDT, Ricardo. Toyo Setal rompe cartel da Petrobras e decide cooperar. *O Estado de S. Paulo*, São Paulo, 1º nov. 2014. Disponível em: <http://politica.estadao.com.br/blogs/fausto-macedo/toyo-setal-rompe-car-

tel-da-petrobras-e-decide-cooperar/>. Acesso em: 22 fev. 2018.

MACEDO, Ricardo Ferreira de. *Controle não societário*. São Paulo: Renovar, 2004.

O'RIAN, Sean. The flexible developmental state: globalization, information technology and the "Celtic Tiger". *Politics & Society*, v. 28, n. 2, June 2000.

ODEBRECHT. Código de conduta. Dez. 2013. Disponível em: <https://www.odebrecht.com/sites/default/files/demonstracao/documentos/codigo_de_conduta_portugues.pdf>. Acesso em: 22 fev. 2018.

OECD. ORGANIZATION FOR ECONOMIC CO-OPERATION AND DEVELOPMENT. *Promoting Compliance with Competition Law*, 2011. Disponível em: <https://ssrn.com/abstract=2139358>. Acesso em: 22 fev. 2018.

PARGENDLER, Mariana. Corporate Governance Obsession. *FGV Direito SP Research Paper Series*, n. 111, 2015. Disponível em: <https://ssrn.com/abstract=2491088>. Acesso em: 22 fev. 2018.

PETROBRAS. Abertura de comissões para análise de aplicação de sanção administrativa e bloqueio cautelar. *Fato relevante*, 29 dec. 2014. Disponível em: <http://www.investidorpetrobras.com.br/pt/comunicados-e-fatos-relevantes/abertura-de-comissoes-para-analise-de-aplicacao-de-sancao-administrativa-e-bloqueio-cautelar>. Acesso em: 22 fev. 2018.

PIRES, Roberto. Beyond the fear of discretion: flexibility, performance, and accountability in the management of regulatory bureaucracies. *Regulation & Governance*, v. 5, n. 1, p. 43-69, 2011.

PISTOR, Katharina. *Legal ground rules in coordinated and liberal market economies*. Working paper n. 30/2005, Columbia Law School, 2005.

RAGAZZO, Carlos. *Regulação jurídica, racionalidade econômica e saneamento básico*. Tese (doutorado) – Universidade Estadual do Rio de Janeiro, 2008.

RILEY, Anne; SOKOL, Daniel. Rethinking compliance. *Journal of Antitrust Enforcement*, v. 3, n. 1, p. 31-57, 2015.

RODAS, João Grandino. *Compliance* concorrencial deve ser a lição positiva da "lava jato". *Consultor Jurídico*, São Paulo, 25 jun. 2015. Disponível em: <http://www.conjur.com.br/2015-jun-25/olhar-economico-compliance-concorrencial-licao-positiva-lava-jato> Acesso em: 22 fev. 2018.

ROE, Mark J. Some differences in corporate structure in Germany, Japan and the United States. *The Yale Law Journal*. New Haven, v. 102, n. 8, p. 1927-2003, 1993.

_____. *Strong managers, weak owners* – the political roots of America corporate finance. Princeton: Princeton University Press, 1994.

ROESLER, Claudia; SILVA, Pedro Santos Tavares da. Argumentação jurídica e direito antitruste – análise de casos. *Revista Jurídica da Presidência*, v. 14, n. 102, p. 13-44, 2012.

SABEL, Charles. Learning by monitoring: the institutions of economic development. *Working Paper*, n. 102, MIT, 1993. Disponível em: <http://www2.law.columbia.edu/sabel/papers/Learning%20by%20Monitoring.pdf>. Acesso em: 22 fev. 2018.

_____. beyond principal-agent governance: experimentalist organizations, learning and accountability. In: ENGELEN, E.; HO, M. (Eds.). *De Staat van de Democratie*. Democratie voorbij de Staat. Amsterdam: Amsterdam Press, 2004. Disponível em <http://www2.law.columbia.edu/sabel/papers/Sabel.definitief.doc>. Acesso em: 22 fev. 2018.

SABEL, Charles; REDDY, Sanjay. Learning to learn: untying the Gordian knot of development today. *Columbia Law and Economics Working Paper* n. 308, 2003. Disponível em: <http://www2.law.columbia.edu/sabel/papers/Learning%20to%20Lean.pdf>. Acesso em: 22 fev. 2018.

SABEL, Charles; ZEITLIN, Jonathan. Experimentalist governance. In: LEVI-FAUR, D. (Ed.) *The Oxford Handbook of Governance*. Oxford University Press, 2012.

SAITO, Richard; SILVEIRA, Alexandre Di Miceli da. Governança corporativa: custos de agência e estrutura de propriedade. *RAE – Revista de Administração de Empresas*, São Paulo, v. 48, n. 2, p. 79-86, 2008.

SCHAPIRO, Mario G.; BACCHI, Fabiana M. Análise dos atos de concentração no Brasil: forma, função e o incrementalismo reformista do CADE. In: SCHAPIRO, Mario G.; CARVALHO, Vinicius Marques; CORDOVIL, Leonor (Org.). *Direito econômico concorrencial*. São Paulo: Saraiva, 2013.

SHLEIFER, Andrei; VISHNY, Robert. W. A Survey of corporate governance. *The Journal of Finance*, Aldan, v. 52, n. 2, p. 737-783, 1997.

SIEMENS. Audit Committee of Siemens Supervisory Board has fulfilled its obligations, Jan. 24, 2007a. Disponível em: <http://www.siemens.com/press/en/pr_cc/2007/01_jan/axx20070134_1427894.htm?content[]=CC&content[]=Corp>. Acesso em: 9 set. 2015.

_____. *Company anniversary on October 12, 2007 – 160 years of Siemens: From a backyard workshop to a global enterprise*, 2007b. Disponível em: <https://www.siemens.com/press/en/events/160-years.php>. Acesso em: 22 fev. 2018.

_____. *Siemens supports Norwegian anti--trust authorities in clarification of alleged collusion in the fire protection sector*, 2007c. Disponível em: <http://www.siemens.com/press/en/pressrelease/?press=/en/pr_cc/2007/02_feb/wirtschaftspressemeldung_d_1433386.htm&content[]=CC&content[]=Corp>. Acesso em: 22 fev. 2018.

_____. *Siemens takes legal action against antitrust fines charged by EU Commission*, 2007d. Disponível em: <http://w5.siemens.com/belux/web/en/press/press/cc/pages/takes_legal_action_against_antitrust_fines_charged_by_the_eu_commission.aspx>. Acesso em: 9 set. 2015.

_____. *Public prosecutors and tax authorities end their Com investigation against Siemens AG*, Oct. 4, 2007e. Disponível em: <http://www.siemens.com/press/en/pr_cc/2007/10_oct/axx2007102_1464791.htm?content[]=CC&content[]=Corp>. Acesso em: 9 set. 2015.

_____. *Siemens orients Managing Board to new organization*, Nov. 28, 2007f. Disponível em: <http://www.siemens.com/press/en/pr_cc/2007/11_nov/axx20071115.htm>. Acesso em: 9 set. 2015.

_____. *Debevoise reports to the Supervisory Board*. Munich, 2008a. Disponível em: <http://www.siemens.com/press/en/pressrelease/2008/corporate_communication/axx20080447.htm?content[]=CC&content[]=Corp>. Acesso em: 9 set. 2015.

_____. *Siemens reaches resolution with German and U.S. authorities*, 2008b. Disponível em: <http://www.siemens.com/press/en/pressrelease/?press=/en/pressrelease/2008/corporate_communication/axx20081219.htm&content[]

=CC&content[]=Corp>. Acesso em: 9 set. 2015.

_____. *Siemens to extend amnesty offer*, 2008c. Disponível em: <http://www.siemens.com/press/en/pressrelease/2008/corporate_communication/axx2008135e.htm>. Acesso em: 22 fev. 2018.

_____. *Siemens Annual Shareholders' Meeting to decide on a total of nine settlement agreements*. Munich, 2009a. Disponível em: <http://www.siemens.com/press/en/pressrelease/2009/corporate_communication/axx20091217.htm?content[]=CC&content[]=Corp>. Acesso em: 9 set. 2015.

_____. *Siemens Business Conduct Guidelines*, 2009b. Disponível em: <https://w5.siemens.com/portugal/web_nwa/pt/PortalInternet/Responsabilidade-Corporativa/Documents/BCG_2009_V1_PT_BCG_PT_V7.pdf>. Acesso em 22 fev. 2018.

_____. *Siemens granted state's witness status in EU decision on transformer cartel*. Munich, 2009c. Disponível em: <http://www.siemens.com/press/en/pressrelease/?press=/en/pressrelease/2009/corporate_communication/axx20091003.htm&content[]=CC&content[]=Corp>. Acesso em: 9 set. 2015.

_____. *Sustainability Report 2010*, 2010. Disponível em: <https://www.siemens.com/investor/pool/en/investor_relations/downloadcenter/sustainability-report_2010.pdf>. Acesso em: 22 fev. 2018.

_____. *Siemens appoints new CEO in Brazil*, 2011. Disponível em: <http://www.siemens.com/press/en/pressrelease/?press=/en/pressrelease/2011/corporate_communication/axx20111001.htm&content[]=CC&content[]=Corp>. Acesso em: 9 set. 2015.

_____. Information for business partners. *Compliance with laws, regulations and conventions*. 2013a. Disponível em: <https://w5.siemens.com/france/web/fr/portail/compliance/Documents/Information-for-Business-Partner-Flyer-2013.pdf>. Acesso em: 27 ago. 2015.

_____. *Siemens to consolidate management of compliance organization*, 2013b. Disponível em: <http://www.siemens.com/press/en/pressrelease/?press=/en/pressrelease/2013/corporate/axx20131217.htm&content[]=CC&content[]=Corp>. Acesso em: 22 fev. 2018.

_____. *Annual Report 2013*, 2014. Disponível em: <http://www.siemens.com/investor/pool/en/investor_relations/siemens_ar_2013.pdf>. Acesso em: 27 ago. 2015.

_____. *Annual Report 2014*, 2015. Disponível em: <http://www.annualreports.com/HostedData/AnnualReportArchive/s/NYSE_SI_2014.pdf>. Acesso em: 22 fev. 2018.

SILVEIRA, Alexandre Di Miceli da. *Governança corporativa no Brasil e no mundo*: teoria e prática. Rio de Janeiro: Elsevier, 2010.

SNYDER, Brent. *Compliance is a culture, not just a policy*. Remarks as Prepared for the International Chamber of Commerce/United States Council of International Business Joint Antitrust *Compliance* Workshop. Antitrust Division. U.S. Department of Justice, 2014. Disponível em: <http://www.justice.gov/atr/speech/compliance-culture-not-just-policy>. Acesso em: 22 fev. 2018.

SOKOL, Daniel. Cartels, corporate *compliance*, and what practitioners really think about enforcement. *Antitrust Law Journal*, v. 78, p. 201-240, 2012. Disponível em: <http://scholarship.law.ufl.

edu/facultypub/298>. Acesso em: 22 fev. 2018.

TEUBNER, Gunther. Substantive and reflexive elements in law. *Law & Society Review*, v. 17, n. 2, p. 239-285, 1983.

TRUBEK, David M.; COUTINHO, Diogo R.; SCHAPIRO, Mario G. New state activism in Brazil and challenge for law. In: TRUBEK, David; ALVIAR, Helena; COUTINHO, Diogo; SANTOS, Alvaro. (Orgs.). *Law and the new developmental state:* the Brazilian experience in Latin America context. New York: Cambridge, 2013.

TRUBEK, David M.; TRUBEK, Louise G. New governance and legal regulation: complementarity, rivalry or transformation. *Univ. of Wisconsin Legal Studies Research Paper*, n. 1022, 2006. Disponível em: <http://ssrn.com/abstract=908229 or http://dx.doi.org/10.2139/ssrn.908229>. Acesso em: 22 fev. 2018.

WILLIAMSON, Oliver. *The economic institutions of capitalism* – firm, markets, relational contracting. New York, Free Press, 1985.

_____. Transaction cost economics and organization theory. In: SMELSER, Neil; SWEDBERG, Richard. *The handbook of economic sociology*. Princeton: Princeton University Press, 1994.

ÍNDICE

APRESENTAÇÃO	7
INTRODUÇÃO	11
CAPÍTULO 1 – AS IDEIAS EM SEU LUGAR: DISCIPLINA DA CONCORRÊNCIA EM TEMPOS DE GOVERNANÇA	17
CAPÍTULO 2 – O QUE É *COMPLIANCE* CONCORRENCIAL?	29
CAPÍTULO 3 – ESTUDOS DE CASO: "CLUBE DAS EMPREITEIRAS" E SIEMENS	47
CAPÍTULO 4 – PARÂMETROS PARA UMA POLÍTICA PÚBLICA DE INCENTIVO AO *COMPLIANCE*	75
CONCLUSÕES	91
BIBLIOGRAFIA	93